//

如何让你爱的人
也爱上你

爱与尊重的语言

张小英◎著

文汇出版社

图书在版编目(CIP)数据

如何让你爱的人也爱上你：爱与尊重的语言 / 张小英著. — 上海：文汇出版社,2021.6
ISBN 978-7-5496-3555-9

Ⅰ. ①如… Ⅱ. ①张… Ⅲ. ①婚姻-通俗读物 Ⅳ. ①C913.13-49

中国版本图书馆 CIP 数据核字 (2021) 第 091380 号

如何让你爱的人也爱上你：爱与尊重的语言

著　　者 / 张小英
责任编辑 / 戴　铮
装帧设计 / 天之赋工作室

出版发行 / 文汇出版社
　　　　　上海市威海路 755 号
　　　　　（邮政编码：200041）

经　　销 / 全国新华书店
印　　制 / 三河市天润建兴印务有限公司
版　　次 / 2021 年 7 月第 1 版
印　　次 / 2021 年 7 月第 1 次印刷
开　　本 / 880×1230　1/32
字　　数 / 126 千字
印　　张 / 7

书　　号 / ISBN 978-7-5496-3555-9
定　　价 / 39.80 元

他/她不爱你，真的是你的错！

爱情是怎样产生的呢？

有人说，爱情的产生没有理由，只是恰好在那个时刻看中对方的颜值或才华，或是迷上对方身上的勇敢、果断或幽默等特质；有人说，爱情是大脑分泌的激素在作祟，让彼此产生心动的感觉；还有人说，爱情只是人类进化的产物之一。

对于爱情，一千个人有一千种理解。但无论怎样，每个人都希望遇到一个自己爱也爱自己的人，建立一段浪漫、亲密的爱情关系，享受着爱与被爱的美好感觉。

然而，爱情又是难以琢磨的。很多时候，你爱上了他/她，可是他/她不爱你；他/她爱上了你，你却偏偏不爱他/她；你想好好相爱，享受对方的爱与尊重，可偏偏总是遭遇小摩擦和不愉快、变心与分手。

这究竟是为什么？如何才能让你爱的人爱上你，让爱情停留在美好时刻并走向永恒？

实际上，爱情的走向在于两个人，但更多地在于你自己。

让对方爱上你，你需要注意第一印象，在外在形象、说话做事、表达方式以及心理状态等方面留下好的印象；采取有效、适当的追求计划，拉近彼此的距离，赢得对方的好感；学会操控语言和情感，使得爱情走向更为积极、正面的方向，进而增加爱情的新鲜度、保质期和忠诚度。

所以，不要再说"为什么我这么爱他，他却不爱我""为什么我们明明相爱，却偏偏错失了对方"……他/她爱你，是因为你足够吸引他/她；他/她不爱你，真的是你的吸引力不够。只要我们读懂爱与被爱的语言，就可以遇到那个对的人，遇见最好的爱情。

本书关注的是爱与被爱的语言，探讨如何让你成为人见人爱的"万人迷"，在初遇时就令对方一见倾心，相处时取悦和操控对方的心，实现爱的永恒。

目 录
Contents

/ 第一章 / 人见人爱，凭什么

有一些人天生异性缘很好，身上似乎有着神奇的气场和吸引力；有一些人恰好相反，颜值高、身材好却不招人喜欢。这是为什么？其实很简单，爱与不爱可能始于颜值，但关键还在于言行、气质、魅力以及那神秘的爱情激素。

五种激素，决定爱或不爱　　// 002

从口语到体语，"万人迷"的自我修养　　// 008

有的人很美，可惜长了一张"刀嘴"　　// 013

一开口，好感度就 up up　　// 018

相似的个性，互补的需求　　// 024

人人都爱"公主"？并不是　　// 030

/ 第二章 / 被爱是一场有"文化"的预谋

很多人认为爱情是一种感觉，只与爱与不爱有关；

认为爱情是灵魂的碰撞,我爱你,只是因为那个人是你,彼时存有怦然心动。但是,这不代表爱情与一切外在条件无关——爱情是文化的产物,所有人的爱情都很难逃脱文化背景、家庭环境、三观、阶层等因素的影响。

你的追爱方式取决于对方的"文化背景"　// 037
大多数人的"核心爱情观"　// 042
三观不一致,怎么谈恋爱　// 047
不同阶层的爱情,注定是一个悲剧　// 052
爱情没有年龄界限,但是代沟和年龄有关　// 057
那些让人无法拒绝的小词汇　// 062

/第三章/　第一眼效应成就"万人迷""白月光"

第一眼和第一次对于人们来说是非常重要的,尤其在爱情中最为重要。第一眼,我们展现最好的一面,就可能成为人人喜欢的"万人迷";第一次,我们让对方喜欢和欣赏,就可能瞬间遇见爱情。所以,想要让你爱的人爱上你,就好好利用第一眼效应吧!

一见钟情是什么原因　// 068
初见,"真"到极致便是傻　// 073

积极创造"第二次初见" // 078

未必一见钟情,但可以一见如故 // 083

气氛营造高手的语言艺术 // 088

你的表达很重要,他/她的反应更重要 // 093

/第四章/ "猎捕"计划,从共情开始

真正的爱情是情感的默契与心灵的相通,能让两人之间产生强大的吸引力,无论颜值、身份、财力如何,彼此相互吸引,魅力无穷;它让两人产生情感共鸣,无论欢乐与痛苦、轻松与烦恼,都能彼此理解、相通,甚至感同身受。

所以,共情是我们打开爱情之门的一把钥匙,也是我们捕获人心的最佳"武器"。

共情,拉近彼此距离的有效方式 // 100

以退为进:会示弱的人才是感情上的强者 // 105

理解过去,才能把握现在 // 110

赞美,总是那么撩拨人心 // 115

理解痛苦比共享欢乐更重要 // 121

共情是爱情持久的秘密,也是个人进步的台阶 // 126

/第五章/ 语言决定方向：向左走还是向右走

语言是一种强而有力的工具，能决定爱情是向左走还是向右走，是进一步还是退一步。恋爱前的暧昧，靠语言来掌控；恋爱中的甜蜜，靠语言来营造；恋爱后的结果，也是靠语言来主导。因此，我们要读懂爱的语言，更要提高对于语言的掌控力。

语言掌控，进可攻、退可守　//132
暧昧语言，接还是不接　//137
无休止的暧昧是一种负资产　//142
抓住打破暧昧的契机　//147
只有甜言蜜语的爱情还远远不够　//152

/第六章/ 情感操控，爱与尊重的问题

爱情里最需要的是尊重，事实上，最容易被忽视的也是尊重。在恋爱过程中，很多人过于自私，只在乎自己的感受，只想到自己的利益，或是过分地操控和占有，强行把对方拉进自己的生活里，或是强行进入对方的世界。

殊不知，一旦失去尊重，再亲密的关系也会失衡，促使爱情消耗殆尽。

承诺：恋爱关系的分水岭　　// 159

来自承诺的积极错觉　　// 164

有节制的"死缠烂打"　　// 169

关心与尊重的界限　　// 174

当心！别被亲密感毁掉爱情　　// 179

/ 第七章 /　　向永恒出发

　　爱情的保质期很短吗？不，爱情激素的分泌会停止，两人的激情会消退，但是爱情的保质期可以很长，甚至能够长久地维持下去。

　　只要我们好好地经营和守护爱情，保持激情、亲密与忠诚的平衡，并且始终相信爱情，就可以找到保持爱情长久的秘诀，向着永恒出发。

科学家说：爱情的保质期是六个月　　// 186

爱情会褪色，但沟通不会　　// 193

激情、亲密与忠诚　　// 200

向永恒出发　　// 206

相信爱情是一种美德　　// 210

第一章

人见人爱，凭什么

有一些人天生异性缘很好，身上似乎有着神奇的气场和吸引力；有一些人恰好相反，颜值高、身材好却不招人喜欢。这是为什么？其实很简单，爱与不爱可能始于颜值，但关键在于言行、气质、魅力以及神秘的爱情激素。

五种激素，决定爱或不爱

爱情，其实是由神奇的爱情激素决定的。你知道吗？

科学家做过研究，发现坠入爱河的男女的大脑会发出指令，使人体分泌一些化学物质，这些物质被称为"爱情激素"。这些激素决定一个人是否会爱上另一个人。

棠棠是个痴情的女孩，大学四年一直深爱着同校同学江斌。只不过，这份爱情只是她的单恋，江斌只是把她当作要好的朋友。后来，江斌有了自己喜欢且相爱的女朋友。

棠棠喜欢上江斌纯属偶然。在学校运动会上，参加百米跑的棠棠终点冲刺时不小心崴了脚，痛得坐在地上流眼泪。江斌恰好是百米比赛的测速裁判，就好心地把棠棠送到医务室，还在棠棠舍友到达前照顾了她一段时间。

为了感谢江斌，棠棠给江斌买了一些水果作答谢，之后两人越来越熟悉。熟悉之后，棠棠知道江斌是学生会体育部部长，喜欢打篮球，学习成绩也不错。

慢慢地，棠棠喜欢上了江斌，开始找借口与他亲近，还时常主动约他一起吃饭、看电影。为了赢得江斌的好感，她时常到赛场上为他加油助阵，还特意给他买喜欢喝的饮料——当然，这些都是她通过细心观察才得知的。

每逢圣诞节和元旦，棠棠还会精心为江斌准备礼物，邀请他做舞伴，一起参加学校举办的元旦舞会。

所有人都看出来棠棠喜欢江斌，江斌自然也不例外。元旦舞会前夕，棠棠想借着这个时机告白，可是江斌没有给她这个机会，抢先一步表明自己不想恋爱，只想把精力放在篮球和学习上。

棠棠信以为真，认为自己还有机会，于是继续对江斌好，与他保持着暧昧的关系。

大学毕业后，江斌留在本市就业。为了增加与江斌在一起的机会，棠棠也选择留下来。事实上，她的父母已经在家乡为她找好工作，无论待遇还是环境都是非常好的，可是她果断拒绝了。

棠棠下班早时，就到江斌的公司等他，还时常到他的出租屋给他打扫卫生、做拿手好菜，希望能用真情打动对方。

然而，一年过去了，江斌始终不为所动，对棠棠总是不冷不淡。终于有一天，江斌对棠棠说："你不要对我那么好了，也不要再来我家，我有女朋友了，怕她误会！"

棠棠伤心地哭了，问道："为什么？你为什么不喜欢我？难道我哪里做得不好吗？"

江斌回答说："不是你不好，而是我对你没有爱情的感觉。你知道，爱情的产生是由爱情激素决定的，遇到心仪的人，我们会产生一些化学物质，它们会刺激大脑使我们产生浪漫、快乐、幸福的感觉。这种激素会让人上瘾，情不自禁地接近对方，心跳加速，无时无刻不想与对方在一起，甚至产生性欲望。"

"我知道你很好，也曾经想着接受你。可是面对你时，我的爱情激素没有产生，对你没有来电的感觉。"

棠棠不解地问："什么是爱情激素？我不懂，这只是你的借口而已。"说完，她伤心地离开了。

后来，棠棠带着满心的伤痛回到家乡。在那里，她依旧无法忘记江斌，一想到他就心痛不已。父母、亲人和朋友时不时给她介绍不错的异性，但都被她断然拒绝，还说自己不想恋爱。

直到有一天，棠棠遇到了客户齐磊。

齐磊与江斌是完全不同的类型，为人成熟稳重，给人一种温暖的感觉。第一次遇到齐磊，棠棠就被他的外形、声音和身上的气质所吸引，能感觉到自己的心在激烈地跳动，手心也在微微出汗。她情不自禁地想要接近齐磊，但又担心给对方留下不好的印象，内心紧张不已。

这时，棠棠才明白江斌所说的，原来爱情来临时，人体真的会产生爱情激素。她肯定自己是真的爱上了齐磊，之前对江斌只是有好感，却错把好感当作爱情。

幸运的是，齐磊也喜欢上了棠棠，一个月后两人陷入热恋。那一刻，棠棠才感觉爱情是如此美好……

爱与不爱，真的取决于爱情激素。这些化学物质使得双方彼此吸引，产生爱的火花。当大脑分泌的激素不够时，男女或许会有好感，但不会产生爱情。只有当分泌的激素足够多时，双方才会产生强烈的爱慕，瞬间坠入爱河。

爱情激素一般有五种，分别是苯基乙胺、多巴胺、去甲肾上腺素、内啡呔、脑下垂体后叶荷尔蒙。

苯基乙胺是一种最基本的爱情激素，是大脑分泌的神经兴奋剂，能让人产生意乱神迷的感觉。一次浪漫的邂逅，一次好的互动，都会被对方的高颜值所吸引，刺激苯基乙胺的分泌，对异性产生来电的感觉。

无论是一见钟情还是日久生情，我们的大脑都会分泌苯基乙胺，所以很多情侣之前不来电，只是普通朋友，相处久了，彼此也会产生爱情。

多巴胺可以让人产生安全感、舒适感和满足感，也能让人产生欢欣的感觉。它是产生爱情的重要激素，能使人们产生兴奋甚至疯狂的状态，高峰期可能持续6个月到4年。在这个时间段，我们会爱上一个人，因为对方温暖的举动、有相同的兴趣而加深对这个人的爱恋。

当多巴胺的分泌不断增多时，我们会享受爱与被爱的感觉，甜蜜到忘乎所以，甚至陷在其中无可自拔。但是过了高峰期，多巴胺的分泌逐渐减少，爱情可能会冷却，甚至对对方产生厌烦的情绪。现实生活中，一些人移情别恋，很大原因就是过了多巴胺分泌的高峰期。

去甲肾上腺素可以让我们强烈地渴望与对方发生爱情关系，它的分泌大多源于感动。就拿棠棠来说，因为"英雄救美"，大脑产生了去甲肾上腺素，于是对江斌产生好感。

去甲肾上腺素还可以让人产生怦然心动的感觉，使得心跳加速。不过，这种激素一旦消失，我们就会清醒过来，瞬间失去好感和激情。所以，想要爱情长久，我们需要想办法让人体不断分泌出去甲肾上腺素，如情侣之间经常要说甜言蜜语，与对方一起去参加蹦极、滑雪等刺激性运动。

内啡肽是一种填补去甲肾上腺素的物质，能起到镇静的效果，降低焦虑感，产生满足、安逸、温暖、亲密的感觉，让爱情保持稳固。它也容易让人上瘾，让爱情不受激情消退的威胁。

脑下垂体后叶荷尔蒙是检验对爱情是否忠贞的关键因素，它可以让我们产生责任感和使命感。这种激素分泌越多，我们对爱情越忠诚，越不会轻易受到外界诱惑的影响。

当然，影响爱与不爱的激素有很多，最重要的是以上五种。简言之，苯基乙胺让我们坠入爱河，多巴胺让我们亢奋和欢愉，去甲肾上腺素让我们怦然心动，内啡肽让我们保持快乐，脑下垂体后叶荷尔蒙让我们对爱情忠贞。

所以，不要误解爱情与单纯的好感，而要利用一些甜言蜜语、行为刺激爱情激素的分泌，自然会邂逅并得到甜蜜而牢固的爱情。

从口语到体语,"万人迷"的自我修养

有些花朵很美丽,但是花期很短。对于男女来说,容颜也是有保质期的,随着岁月流逝,每个人都终将老去,容颜不在。但是气质和魅力却赋予人"万人迷"般的特质,随着岁月的逝去,沉淀得越发令人迷醉。

犹如《西西里的美丽传说》中的玛丽莲,一头漂亮的长卷发、精致的五官、展现身材的连衣裙以及淡淡的妆容,都凸显出她的美丽和优雅。

玛丽莲的美,在于她的容颜、身材,但更在于她一言一行的优雅、一颦一笑的从容。多年后,玛丽莲已经老去,岁月在她的脸色留下痕迹,然而她的美丽依旧让整个小镇的男人为之疯狂,让所有女人为之嫉妒。

换句话说,气质和魅力是无形的,却像个发光体,能够吸引住人们的目光。当一个人拥有了独特的气质和魅力,或优雅、或性感、或温柔、或知性,在人群中就会异常耀眼,此时,美丽的容颜只是加分项。

容颜是外在的,气质和魅力是内在的。外在的美能够吸

引人，但终究抵不过内在的美。

春晓是个年轻的女孩，不算太漂亮，但面部精致。平时，她性格恬静，很少接触异性朋友，所以亲人朋友都很关心她的终身大事，唯恐她谈不成恋爱，嫁不出去。于是，大家开始给春晓介绍相亲对象，没想到，第一场相亲竟然就成功了。

相亲对象耿亮是春晓闺蜜的大学同学，是一个特别优秀的男孩，名牌财经大学毕业，现在在市里一家银行工作。当初，耿亮是大学里众多女孩的"男神"，不过他的眼界比较高，只谈过一次恋爱。大学毕业后，因为前女友一心想要回到家乡工作，两人不得不分手。

见面后不久，耿亮就对春晓表现出极大的好感，当场表示："我对你有好感，如果你对我也有好感，我们可以进一步了解一下对方。"为什么眼界比较高的耿亮会对春晓一见钟情呢？因为春晓的一言一语、一举一动都散发出迷人的气质，让耿亮心生好感，为之着迷。

相亲地点选在一家氛围不错的咖啡厅，距离耿亮家比较远，他就去得比较早。距离约好的时间还差10分钟时，春晓走进咖啡厅，一身淡青色连衣裙，化着淡淡的妆容。她先是环顾一周，然后把目光锁在耿亮这一边，因为两人事先交换过照片，所以她能够一眼认出对方。

耿亮站起来，朝着春晓挥一挥手。春晓则微微一笑，优雅地朝这边走过来。交谈时，春晓的坐姿非常讲究，仪态非常优雅，但也不刻意端着板着，显得轻松而自然。点完咖啡后，她接着问耿亮的需求，还笑着对服务员说"谢谢"。这都给耿亮留下很好的印象。

当耿亮提问和说话时，春晓认真地听着，说到一些有趣的话题时，她也不是哈哈大笑而是抿嘴一笑，眉眼里透露出来笑意。春晓说话时，声音是温柔、动听的，没有发出任何刺耳的声音。

难怪耿亮对春晓有好感，这样迷人又有魅力的女孩，谁不被吸引呢？很快，耿亮和春晓正式交往起来，两人时常一起约会喝咖啡、看电影，迅速陷入热恋。就算两人的关系越来越亲密，春晓依旧不张扬、不肆意，有着女性的娇柔，这让耿亮越来越着迷。

气质和魅力之美，完全可以碾压外表上的美丽。即便你有惊鸿一瞥的美艳，但只能给人留下感官上的吸引，一旦失去迷人的气质和魅力，恐怕就难以俘获人心。

那么，我们应该如何修炼"万人迷"的气质和魅力呢？

气质和魅力总归表现在外表上，即口语和体语。口语是一个人的说话内容、方式和习惯，体语则是一个人的一举一动、行为习惯。

如果一个漂亮女孩的外貌分数是10分，可说话不经大脑、鲁莽甚至口无遮拦，行为大大咧咧、不讲礼仪，气质分数很可能不及格，更别说有什么魅力了。相反，一个女孩的面部并不太漂亮，外貌分数只是7分，可说话时轻声细语，嘴边总是有一抹淡淡而得体的微笑，遇事也能从容淡定，气质分数自然不低于9分。

在爱情关系中，或许有些人一开始可能倾向于前者，但用不了多久，就很可能被她的言行吓退。不论在感官还是心理上，人们都更倾向于喜欢后者，更愿意接触后者。慢慢地，后者身边会围绕越来越多的人，成为让人沉醉的"万人迷"。

一个人的气质和魅力,从她的声音就可以凸显出来。人们常说"未见其面,先闻其声",声音就像一个人的名片,轻柔温和,给人的印象就是温柔如水;清脆响亮,给人的印象就是直爽坦诚;高亢尖厉,给人的印象就是张扬泼辣。

真正迷人的人,声音是温柔、动听的,绝不会发出任何刺耳的声音。同时,这个人说话是文雅的、有礼的、友善的,绝不会因情绪而音高拔调,更不会情绪失控、口出恶言。

当然,有些人的声音天生不温柔,或是过于细、尖,或是过于粗哑。这没有关系,尽量保持平和,让声音不难听,让话语不失礼,自然可以修炼成"万人迷"。

一个人的气质和魅力,还体现在外在形象和言行举止上。无论颜值高低,我们都需要修饰个人形象:女性要学会穿衣打扮、化妆;男性要注意仪容仪表,保持特有的风度。

我们要注意的仪态细节,包括站、坐、行、走,与人谈话、握手等,都应保持良好的仪态,如站立时背脊挺得笔直,坐下时双手随意搭在膝盖,走路时昂首挺胸。同时,无论与陌生异性还是亲朋好友相处,我们都需要做到有礼有节,保持心态平和,没有出格的行为……

总之,一个人若是从口语到体语都能修炼出迷人的气质和魅力,就会让人极为欣赏,进而产生好感。

想要成为"万人迷",就从自我修炼开始吧!

有的人很美,可惜长了一张"刀嘴"

爱情是一种奇妙的感觉,是一瞬间"来电"的感觉。长得美、外形好的人,当然能瞬间吸引异性的青睐,甚至让对方一见钟情。可是,接下来的相处和沟通才是最重要的,所谓"谈情说爱",爱情中80%以上的时间都是在谈和说,只有说得开、聊得来,爱情的美好感觉才能产生。

对于女孩来说,个子高挑,脸蛋漂亮,身材性感,自然人见人爱,可是之后的相处才能决定两个人的爱情走向。人美,会说话,符合他心目中的样子,爱情的火花才会瞬间点燃;人美,不会说话,一张嘴就会形象大跌,自然会让对方望而却步。

七七,就是一个典型人长得美但在表达上有缺陷的女孩,亲手掐断了很多"桃花"和姻缘,丧失收获美好生活的机会。

很多人初见七七会有这样的感觉:这是个很美很飒的小姐姐,脸蛋和身材都无可挑剔。所以,她很受异性欢迎,追求者众多。

七七的桃花运真的很旺,每到一个地方工作或者旅游都能吸引各种类型的男生注意。然而,让七七郁闷的是,这些追求者没过多久就会突然"刹车"——不是彻底消失不见,就是热度大减,慢慢地不了了之。

一个偶然的机会,七七在地铁上遇到一个帅气的男生,干净、斯文,一看就招人喜欢。拥挤的人流下,男生的背包不小心挂住了七七的头发,两人只好一起下地铁解决,他们就这样"不打不相识"——七七被这个男生吸引,男生对七七也有好感,之后两人更是朝着偶像剧的方向发展。

两人的单位相距不远,上下班时间差不多,几乎每天都会乘坐同一趟地铁。几次偶遇后,两人交换了微信,时常线上线下聊天。七七明显感觉这个男生有追求自己的意向,她也满心欢喜地等着对方表白。

可是,七七没有等来表白,却发现两人的关系逐渐疏远了。

地铁上,七七好像碰不到这个男生了。即便碰到,对方好像没了之前的热情,不是微微点头,就是故意看不到。微信上,男生不再主动发信息,就算七七主动说些什么话,他也是许久才回,并且只有简单的"是的""哦""我在忙"。

几次之后,七七便不再主动联系男生,也不再心有期待,毕竟自己也不喜欢"热脸贴冷屁股"。可是，她还是有些失落和郁闷，不知道"好好的桃花"怎么就断了，难道自己真的没有"桃花运"吗？

其实，七七不是没有桃花运，而是亲手把这朵"桃花"掐断了，这还得从她的说话方式和习惯说起。

说实在的，七七真的很不会说话，一张嘴就会说出令人不舒服的话。就拿她和那个男生的相处来说，很多次，她的话都让人不知道怎样去接。

男生："很高兴今天又遇到了你……"

七七："有多高兴？"

男生："今天过得怎样？"

七七："哎，倒霉死了！你知道吗，我今天发现公司的人都是'大傻子'……"

男生："那边有个孕妇，我去给她让个座。"

七七："年纪那么大了，还能生孩子吗？"

……

还有一次，一起去厦门旅行的同伴对七七有好感，大方地邀请她到酒店楼下喝咖啡。她直接说："大热天的喝咖啡，你的口味很独特啊！"听到这话，对方以为七七对自己不满，只好作罢。

如何让你爱的人
　也爱上你

　　失误可以很快去弥补，失言则永远无法弥补。会说话的人，只要一张嘴就会让人如沐春风；不会说话的人，一张嘴就会让人皱紧眉头。七七恰好是后者，说出的话不中听，有时候还很冲，让人不知道如何回应；有时口无遮拦，难听、刺耳，一点儿都不文明；有时甚至不考虑他人的感受，伤害了他人却不自知。

　　你要说七七有坏心眼，其实并没有。她挺有爱心的，看到别人有困难会帮助，看到老弱病残会让座。可是好事是做了，可一句话说出来，别人真的无法消受她的好意。比如，她之前有一次给老人家让座，人家刚要感谢，就听见她说："你快坐下吧，可别摔残了。"气得老人家跟她大吵一架。

　　很多爱情可能始于吸引，止于了解，终于失望。

之所以会这样，是因为有的人长得很美，让人一眼着迷，可惜一说话、一交流便破了相。蔡澜形容得非常贴切："有些女人像菜市场里卖的鱼一样，看起来很新鲜，但不能让她开口，一开口就闻到恶臭味。"这样的人，即便再美，形象和魅力也恐怕全无！

所以，想要人见人爱，让自己心仪的对方产生好感，最重要是学会好好说话。

我们需要展现自己的美，考虑打扮自己的脸蛋，修炼自己的身材，修饰自己的衣着，把自己塑造成"万人迷"。不过，我们更需要提高说话技巧，说出好听的话语。要记住，一味地说好话是治标不治本，我们需要提高情商——情商的提高，关键在于心。

事实上，生活中很多女孩的样貌并不出色，算不上漂亮，但是她们却不乏追求者，一些帅气、成功的男性都会不自觉地爱上她。

或许第一眼，人们觉得这个女孩很普通，不吸引人，但是仔细观察，才发现她真的很会"撩"，就是她说话动听，让人听着舒服、心情愉悦，愿意继续聊下去。同时，不管对方抛出来的是什么梗，她都能巧妙迎接，每句话都能吸引对方的好感。

嘴巴笨没有关系，我们可以少说一些，但要尊重对方，不说让对方尴尬的话；说话不要那么冲，丝毫不考虑别人的感受，也不能把自己的思想强加在别人身上。就像蔡康永所说：说话是一件靠自己用点心就可以不断进步的事。

开口前，我们应该考虑自己想要表达什么，如何表达才能让对方听着开心、舒服。人们常说"爱情，一开始是小心翼翼，是欲开口却又咽下"，就是因为要思考如何说出动听的话，才能给对方留下好的印象。

谁都不会爱上空有漂亮躯壳的人，即便这个人美如天仙，我们终究要开口说话，若是一张嘴就让人皱眉，好感随时可能结束。

人美，更要嘴甜。提高恋爱情商，学会高情商地说话，你的爱情就会始于颜值、兴于说话。

一开口，好感度就 up up

很多人追爱或是与异性相处，会有这样的感受：追爱真的很难，对方的心思真的很难猜，好像我说什么都不对，都无法吸引他/她。

/第一章/ 人见人爱,凭什么

其实,不是别人的心思难猜,也不是人家难相处,只是因为你不会说话。遇到喜欢的异性不知道说些什么,想表白又怕被拒绝,所以给人留下不好的印象。想了解一些对方喜欢的信息,但问出的话很硬、聊的话题很尴尬,所以对方兴致缺缺。

开口的方式不正确,很容易被直接拒之门外,更别说吸引对方了。

王辉很有异性缘,光是靠"撩"这一特质就得到了很多女孩的芳心。这里说的"撩",不是说他花心、滥情而到处招惹女孩,而是说他真的会说话,一开口就能让人喜欢。

大学时期,王辉就追到学校的女神薇薇,抱得美人归。要说薇薇,她从高中到大学一直是校花,人长得漂亮、成绩突出,还是个清冷佳人——不管面对谁,她的表情都是淡淡的,说话时会微笑,但既不亲近也不热情,始终保持适度的距离。

面对众多追求者,薇薇始终是礼貌而又温柔地拒绝,不被礼物打动,也不被甜言蜜语感动。所以,对于王辉追到薇薇,一些人很不服气,心理就有些不平衡:"王辉并不特别帅,怎么就得到了这个清冷佳人的青睐呢?""这小子肯定走了'狗屎运',才赢得校花的喜欢!"

但是和王辉认识后，人们就明白了他受人欢迎、抱得美人归的原因，那就是他一开口就能让人好感倍增。

追薇薇时，王辉笑着说："我喜欢你，我们能交往吗？"薇薇微笑着回答："不好意思，我现在不想谈恋爱。"

王辉认真地说："那挺可惜的，不过我想先报个名。现在，在你这里报名的人多吗？但无论报名的人多不多，我都希望你先考虑我，可以吗？"薇薇看着他，没有说话。

王辉继续说："我觉得自己很好，可以有插队的特权。如果你不知道我哪里好，可以先了解一下。"随后，他掏出一张卡片交给薇薇，上面有他的姓名、身高、专业、特长、优点等信息。

薇薇看了之后，扑哧笑了出来，虽然对王辉还没有好感，可是对他已经有了印象。

想要追爱成功，不能什么话都说，也不能过多地兜售自己，过头了很可能引起对方反感。王辉对自己的情况只说个大概，言语间幽默风趣，让薇薇看到自己可爱、有趣的一面，自然有不一样的效果。

追求薇薇的过程中，王辉没有甜言蜜语，也没有死缠烂打，总是不时出现在薇薇面前——说些幽默的话，给些温暖的问候。他不会一直盯着薇薇，说话时总是眼带笑意，而且好像会读心术一般，能捕捉到薇薇的软肋。

薇薇说过："跟王辉在一起，我感觉没有压力，他很有趣，总是能让我笑。"正因如此，薇薇对王辉的好感度持续上涨，半年后答应和他交往。

现在，王辉和薇薇的爱情很甜蜜，一起为事业打拼，享受着美好的生活。

虽然年轻人为生活打拼很苦，可是薇薇的内心很甜，因为王辉总能给她带来欢乐。遇到郁闷的事情，王辉会风趣地说些段子，逗她开心；遇到不舒服、难过的时候，王辉会暖心地安慰、开解她。

进入职场，薇薇见识了很多事业有成的男性，有些也对她表示好感，可是她都拒绝了，因为她感觉王辉是最棒的，

最能吸引自己。

在任何一段关系中，情商永远比智商更重要，爱情关系更是如此。尤其是在被追求这一环节，人们更倾向于感性，即凭借主观、直观的感觉来判断是继续了解还是果断拒绝。好感度有了，受对方的某一特质吸引，很快就会喜欢上对方；没有好感度，不愿意和对方接触，肯定会毫不犹豫地拒绝。

所以说，我们想要追爱成功，让心仪的对象一眼就被自己吸引，应该学会好好说话——怎么聊、聊什么、如何回应，是我们提升好感度的关键。

从心理学来说，当谈话充满轻松、愉快、有趣、安全的因素时，对方就会产生开心、愉快、雀跃等情绪，促使对方对你产生正向感觉，如想多交谈一会儿，迫切想要下次再见到你……

我们还要建立彼此的共通性。所谓共通性，就是找到双方都感兴趣的话题，或是双方的共通、相似之处。

面对陌生的异性时，很多人会产生防备、疏远的心理。这时候，如果我们能说一些对方感兴趣、熟悉的话题，他们也会产生熟悉感和安全感。而且，当对方发现与我们的共通性越多时，好感度上升得就会越快。

打动人心的话没有固定模式，但我们需要知道，风趣、有趣的话语一定更容易打动人心。那些会"撩"的年轻人，一般都有有趣的灵魂，说出的话幽默风趣，不仅能让人会心一笑，还能让人不尴尬。王辉就是一个很好的例子。

当然，让人好感度 up 的话一定是"软"的，不能太直、太硬。"直"和"硬"是好感度的杀手，一句话就会将爱情的小火苗掐灭。

心仪对象："不好意思，我不想谈恋爱。"

你："为什么呢？难道你有什么问题吗？"

女孩："我能加你的微信吗？"

你："不能！"

女孩："为什么？"

你："不为什么！"

这些直且硬的说话方式，不管是你对人家有好感，还是人家有意和你接触，恐怕都不会再有下文。

语言表达是一项很重要的技能，无论谁一张口就说出动听的话，让对方产生正向的感觉，那么对方的好感度就会 up up——就算表面上会淡定，内心绝对是欣喜的。

当然，说动听的话不是什么套路，而是更多地走心。只要做到了这一点，那么，我们就可以第一时间吸引对方，得到心仪对象的芳心。

相似的个性，互补的需求

社会心理学家柯尔发现，一个人最好的朋友，通常跟这个人的性格、意志、语言、背景、社会价值都很相似。这种相似性，让两人彼此吸引。而且，相似性越大，吸引力越强，越容易产生亲密关系。

在社会关系中是如此，在爱情关系中更是如此。

所以说，人的心理需要是求同存异的，通常会被和自己个性相似的异性吸引，在心里做出一系列判断——这个人是否跟自己合拍，是否跟自己的个性一样。就算不完全一样，至少要有相似性或是有一些共通点。

简单来说，个性相似的人更容易惺惺相惜，彼此吸引。

学音乐的齐衡和学舞蹈的李菲相遇了，两人都爱好艺术，个性张扬、坦率、要强，一见面就被彼此吸引。

前些日子的一个周末，齐衡的一个好哥们是李菲的同班同学，他约了几个关系不错的朋友一起去看狮子座流星雨。几个年轻的男男女女很容易有话题，一路上大家说说笑笑，气氛非常融洽。晚上，星光点点，夜色很美，几个人在帐篷前玩纸牌游戏、唱歌、跳舞，等待着流星雨的降临。

李菲非常活跃，没有一点儿忸怩和矫情，玩纸牌赢了就放声大笑，输了就痛快地接受惩罚。慢慢地，齐衡逐渐被这个女孩吸引，觉得她的个性和自己很契合。这不，李菲又输了游戏，被要求选择"大冒险"——和在场的一个异性拥抱。李菲毫不犹豫地选择了齐衡，齐衡也大方地与她拥抱，心里还有一些窃喜。

这场流星雨"失约了"，因为几个人选错了地方。可是，齐衡和李菲却结了缘，很快就在一起了。知道这个消息后，齐衡的好哥们笑着说："我就知道你们会来电，所以才为你们制造了那么好的机会呀！"

齐衡这才知道，原来好哥们邀请自己参加聚会就是为了牵线搭桥。

在朋友看来，他们两人是天造地设的一对。事实上也确是如此，平时他们会大方地示爱，大张旗鼓地宣誓"主权"。

在齐衡的朋友圈，李菲是主角，不是一起逛街、看电影的照片发布，就是一起游玩的分享。要知道，男孩一般不喜欢在朋友圈"晒恩爱"，有的甚至不愿意让朋友知道自己有了女友。李菲同样坦率和大方，跟闺蜜聊天三句不离齐衡，把所有对自己有好感的异性彻底"驱除"到三米之外。

一些朋友有过怀疑:"你们两个人在一起,个性太相似了,时间长了,难道不会厌倦吗?""你们都那么要强,难道不会产生矛盾吗?"

齐衡和李菲笑着摇头。齐衡说:"在这个世界上,找到一个跟自己个性这么相似的人,概率真的太小了。所以,当初我才会对她快速产生好感,现在我们彼此也很有默契。"

"因为个性相似,我们就有了共同的兴趣爱好。我们爱听的音乐、欣赏的电影是同一类型的,喜欢的游戏、运动也差不多。这让我们有很多可以聊的话题,不用担心鸡同鸭讲,不用担心因为她想看浪漫偶像剧、我想看悬疑推理剧而闹别扭。"

"因为个性相似,我们的三观是一致的,虽然有时看问题的角度可能存在不同,但基本上能够达成共识。这是很多情侣很难做到的,不是吗?更重要的是,因为个性相似,我们对于爱情和伴侣的期待差不多,我或是她都符合彼此内心理想伴侣的画像。"

物以类聚,人以群分,如果个性没有相似点,谈不来,估计连朋友都做不了,更不用说被对方吸引、爱上对方了。看看那些相爱的情侣,若是个性不和,生活中不是吵架就是互相看着不顺眼。

女方追求浪漫，希望男方能站在人群中来一场轰轰烈烈的表白；男方则很实际，认为当众表白是幼稚无脑的行为，只会让自己丢人。

女方个性张扬，感情激烈，兴奋时会如西方人那样大方地当场亲吻；男方则个性保守，感情含蓄，认为亲吻应该是关起门来做的事情。

女方喜欢交友、旅行；男方则性格内向，是地道的宅男……

个性差异如此大，怎能合拍并走到一起呢？就算走到了一起，之后的恋爱恐怕也会矛盾重重，没过多久就可能让彼此都感觉到疲惫。

当然，男女性产生好感并被对方吸引，除了个性的相似性外，还有一个重要的因素，那就是需求的互补性。

个性相似，很容易让两个人志趣相投，彼此产生好感。但是时间久了，我们不能忽略这样一个问题，那就是产生厌倦感。一旦新鲜感消退，很容易就没有了激情，再加上彼此有了更深的了解后，也可能会产生和另一个自己或自己的影子恋爱的想法。

正因如此，我们需要发掘彼此在需求上的互补性。

这个世界上没有相同的两片叶子，自然没有相同的两个人。即便是双胞胎，长相相同、个性相似，但需求、兴趣、能力、思维以及优缺点也会有很大的差别。这些不同，是他们身上各自的特质，也是他们区别对方的关键所在。

就男性和女性而言，他们对于爱情的需求有所不同。男性的需求包括信任、接受、感激、赞美、认可、鼓励，女性的需求包括关心、理解、尊重、忠诚、体贴、安慰。

即使有些男女个性相似，但是他们对于伴侣的要求又有所不同。比如，在情人节，男性为女性精心准备了礼物，还特意来一次浪漫的烛光晚餐，女性的内心就会更为满足，产生快乐之感,认为男性是爱自己的。

对于男性就不一样了,他可能不在乎过不过情人节,不在乎女性是否给自己礼物。但是,如果女性对男性做的这一切表示感激,给予男性赞美,然后展现出自己的温柔,男性的爱情需求就会得到满足,内心感到无比快乐。

再如,女性希望男性能保护自己,事无巨细地关心自己;男性则希望女性信任自己,给予自己足够的空间和自由。女性更看重感受,享受被爱的感觉;男性则更看重行动,给予对方最真切的爱。

就好像一个不会做饭的男人,希望找到一位厨艺很好的老婆;一个精通汽车修理的男人,总会在对汽修一窍不通的女人面前展现自己的能力。互补性的需求,可以给对方带来新鲜感,也乐于展现让对方心仪的能力。

因此,爱情就是相似的个性、互补的需求,当双方个性相似又恰好需求互补时,彼此才更有吸引力。

所以,要想赢得异性的好感,让对方爱上你,你需要寻找个性相似的人,营造心有灵犀的契合感。同时,也要关注需求的互补性,让对方知晓你与他/她的不同需求,并满足对方的需求。

人人都爱"公主"？并不是

人人都爱公主？是的。但前提是这个公主是真的，而不是那些没有公主命，偏偏得了"公主病"的假公主。

心理学上，公主病又称"彼得潘症候群"，实际上，就是那些不愿长大并幻想自己生活在美好童话城堡的人。

身上有"公主病"的女孩，虽然已经长大成人，但是行动与个性还表现得像小孩子。她们的自信心过剩，认为自己永远是对的；遇到问题就逃避，习惯于依赖别人，希望别人能为自己解决问题；总是无理由地撒娇，要求别人对自己百般迁就和宠爱；情绪化严重，硬性要求一切都要按照自己的意愿去做，一旦不能满足就喜欢"作"。

换句话说，有"公主病"的女孩通常个性骄纵，要求获得公主般的待遇，总是爱耍小脾气。她们不仅在恋爱关系中表现如此，面对朋友、同事甚至陌生人时也会有类似的表现。当然，面对恋人或是异性朋友时，她们的"公主病"会表现得更为明显。

没有公主命，却偏偏得了"公主病"的人，总想着被别人捧在手心,然而她真的很难得到众星捧月般的待遇。或许一些男性喜欢爱撒娇、有些小作的女孩,因为这会激起他们的大男子气概和保护欲。然而,时间长了,对方若是依旧什么都不愿做、不能做,不断地作,肆无忌惮,男生就会感觉厌烦和疲惫,然后逃之夭夭。

乔乔有些娇气,时常说:"每个女孩都是公主,要学会宠爱自己。"于是,她平时都是娇滴滴的,跟朋友约会故意迟到,说女孩出门就应该好好打扮;外出办事或上班,总是抱怨太阳太晒、地铁太挤,那些人都不知道怜香惜玉;工作中,本应自己要做的事,有问题却不想办法解决,而是娇滴滴地央求别人帮忙。

追求乔乔的男孩不少,因为她长得漂亮,给人的第一感觉是娇媚、温柔。可是,跟异性相处,乔乔无时无刻不把自己当成"小公主",故意地"作",好像不这样就不能凸显自己。

乔乔从来不表达自己内心的想法,总是喜欢让人家猜:猜对了,那是应该的;猜错了,就是不真心、不用心。无论她有多么不合理的任何要求,别人都必须马上去满足她——她说要去逛街,追求者就算有很重要的事情在做,也必须陪她逛街,否则就会被踢出局;她说想吃某某店家的特色小吃,就算距离很远，追求者也必须前去购买，不能用其他店家的食物代替。

乔乔好像活在自己的童话世界里，还要求别人一起为她建造公主城堡，把她当作公主对待。可是，人生而平等，没有谁必须迁就谁，也没有谁非要宠着谁。乔乔把自己当成高高在上的公主，别人却不一定愿意做卑躬屈膝的仆人——就算乔乔再漂亮、再娇媚、异性再喜欢她，尝试过她的"作"之后，大部分人只能逃跑。

很多男孩一开始都会热情地追求乔乔，但是相处没有几次，热情便消退了。因为他们真的无法接受有着"公主病"的乔乔，更无法接受让自己的爱变得那么卑微。

只有李阳是个例外，他追求乔乔三个月后，尽管知道她有"公主病"，可是依旧宠着她。

在李阳看来，女孩有些"公主病"没有什么不好，自己喜欢的女孩就应该宠着、迁就着。乔乔的"作"，他认为这是对自己撒娇，是真把自己当男友的表现；乔乔耍小脾气，提出一些不合理的要求，他认为是在考验自己，心里还有一些小骄傲。

一次假期，李阳约乔乔到郊外的一家农庄游玩。乔乔痛快地答应了，可是故意迟到半小时，还非要他站在太阳底下等,说要看看他是否真的有诚意。

一到农庄,乔乔就娇气得不得了,一会儿说这里都是虫子,一会儿说泥土把自己的鞋子弄脏了;走几步就要休息,还非要李阳拉着、扶着;口渴了,她不愿意喝矿泉水,非要喝某个品牌的柠檬水。农庄周围的商店没有这个品牌的柠檬水,她就宁愿不喝水,说"把我渴死算了"。结果,李阳特意跑了十多里路,才在一家超市买到柠檬水。

返回的路上,李阳疲惫得不想说话,乔乔却不停地抱怨起来:"你真不会找地方玩,非要我这样受罪!""这个破地方,有什么好玩的,又脏又乱,真是的!"

李阳第一次感到身心疲惫,也知道了乔乔的"公主病"真的很严重。那次之后,李阳彻底放弃了,不再围着乔乔转,也不再宠着这个"小公主"。

乔乔依然有着严重的"公主病",不管对谁都无所顾忌地发作。她的异性缘越来越差,几乎没有人敢追求,还导致一些人听到她的名字就会躲开。

公主,人人爱?是的。有公主病的"公主",人人爱?并不是。

关于公主,大多数有被英雄拯救的故事。比如,吃下毒苹果的白雪公主,被王子的一个吻拯救;被虐待的灰姑娘,被水晶鞋和王子拯救；被恶龙抓走的公主，被少年勇士所救……大多数公主是众星捧月，集万千宠爱于一身，如豌豆公主、索菲亚公主……

然而，这些公主的身上都有特殊品质，并不是一味地等着英雄来救。真的公主，有人宠，可是自己不宠自己，不把自己太当回事；真的公主，娇美但绝不娇气，被别人围绕但绝不以自我为中心。更重要的是，真的公主绝不会有"公主病"。

婚姻中或是与异性相处时，女性偶尔有些"公主病"不失为一种可爱，但是，过度的公主病导致行为娇气、做作，不能很好地认清自己、善待他人，最终很难被人喜爱。

女孩偶尔做一场公主梦，宠爱自己、娇惯自己，会让男友更宠爱、珍惜她，增添爱情的情趣。但是，如果女孩太娇惯自己，处处显示着矫情，几乎就很少有人愿意迁就。

善解人意、不娇气的女孩那么可爱，谁不喜欢她们呢？"公主病"的女孩娇气、爱作，又喜欢以自我为中心，谁愿意"受虐"呢？

所以，我们没有公主命，就不要让自己生出"公主病"，该娇气时娇气，不该娇气时独立，该小作时就小作一下，不该作时就善解人意。如此一来，怎能不人见人爱呢？

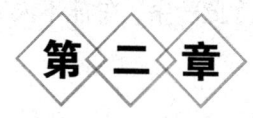

第二章
被爱是一场有"文化"的预谋

很多人认为爱情是一种感觉,只与爱与不爱有关;认为爱情是灵魂的碰撞,我爱你,只是因为那个人是你,彼时存有怦然心动。但是,这不代表爱情与一切外在条件无关——爱情是文化的产物,所有人的爱情都很难逃脱文化背景、家庭环境、三观、阶层等因素的影响。

/第二章/ 被爱是一场有"文化"的预谋

你的追爱方式取决于对方的"文化背景"

很多人认为，爱上一个人只与爱情有关，与一切外在条件无关——我爱你，只因为被你身上的某种特质所吸引，遇到你时就会怦然心动。

然而，人也是一种观念动物，有什么样的观念就有什么样的态度。实际上，爱情算是文化的产物，不同的背景、条件、文化都可能产生不同的爱情观，这些因素可能让每个人以不同的形式或方式来表现爱、感受被爱。

比如，接受过西方教育的人，受西方婚恋文化的影响就会崇尚浪漫主义，追爱方式更大胆、热烈。接受传统中国文化教育的人，婚恋观则比较保守，虽然内心强烈地爱着一个人，但追求方式比较含蓄，不会太过张扬。

再如，受到高等教育的人，有学识、有气质、有书卷气，追爱方式也比较浪漫文雅，但更注重心灵相通。未接受高等教育的人，简单、粗犷，说话方式直接，没有那么多弯弯绕绕。

又如，学习理工科的人更为理性，思维性、做事目的性强，追求方式也较为直接。学习文史科的人感性、敏感，更注重内心感受，追求方式讲究浪漫和文艺。

这些文化背景，决定了我们选择追求爱情的方式不同，都带有强烈的个人色彩。不过，爱情是两个人的事情，追求者的表达方式重要，被追求者的感受更重要。

你热情奔放，遇到心仪的人就大胆热烈地去追求，可是对方保守、含蓄，那么你的"狂热"追求不仅无法打动对方，还可能给对方造成巨大的心理压力，一心想要逃跑。

你较为理性，更为直接，遇到喜欢的人就直截了当地说"我喜欢你""我们交往吧"，可是对方的感情细腻，喜欢浪漫的追求方式、仪式感十足的表白，那么你追爱的成功率会大大下降。

爱情是相互的，你的追求方式取决于对方的背景、文化、条件等。如果你不能正视这种差异，爱情前进的步伐就会被阻碍。

25岁的邵峰是一个文艺青年，因为父母都是高级知识分子。在父母的熏陶和影响下，他从小就带有书卷气，喜欢看书，也喜欢思考人生。他学的是文学，后来在一所中学当老师，除了工作就喜欢到处旅行。

对邵峰来说，诗和远方可以给自己的生活带来诗情和画意,它不是生活的调剂品,而是必需品。生活中,他总是说出一些优美的句子,或者唯美的诗句。对于爱情,他认为应该是浪漫、唯美的,比如两个人一起感受星空大海的辽阔,一起漫步在开满鲜花的田野中。

一次旅行中,邵峰遇到一个女孩张晓,她长得甜美,微笑时带着两个小酒窝。邵峰知道自己沦陷了,被张晓深深吸引住了。于是,邵峰展开自己的追爱之旅:邀请张晓看星星、看月亮,说一些关于爱情的优美句子,念一些唯美浪漫的诗句;他还在微信里跟张晓谈诗词歌赋、人生理想,谈自己旅行的一些感悟。

邵峰以为张晓喜欢这样的浪漫和文艺。令他没有想到的是,张晓果断地拒绝了他,表示两人并不合适。

没错,并不是所有的女孩都喜欢风花雪月,以及像邵峰这样的文艺青年。张晓出身普通家庭,父母是普通工人没有太多文化,但是经常教育她从小要朴实、踏实。张晓虽然身体柔弱,但是内心坚强无比,凭借自己的努力考上医科大学。她知道诗和远方很惬意,风花雪月很浪漫,但爱情不仅仅只是表现出这些形式,更应该是陪伴、信任、责任等。

邵峰的追爱行动失败了,原因在于两人的爱情观存在较大差异,也在于他并未了解张晓的需求和感受。

曾经在网络上看到这样一段有趣的文字：

不同专业的告白和情书大相径庭，带有非常强烈的文化色彩。比如，法学专业的告白：我以爱之名判你无期徒刑，在我心里执行；心理学专业的告白：我尝试解释看到你时微妙的心理，却发现凭我所学无法分析，后来我才知道这种心情就是——我喜欢你；编导专业的告白：你可以帮我拍一个长镜头吗？时长一辈子，不需要蒙太奇；考古学专业的告白：你在北京周口，我在云南元谋，拉起你毛茸茸的小手，爱情让我们直立行走。

这些文字颇有打趣的意味，但我们不得不承认它们真的颇有意义。我们追求心仪的对方，说上一句类似带有文化色彩的情话，难道对方不会心动吗？

28岁的沈从文遇到18岁的张兆和时，就被这个热情洋溢、充满活力的小姑娘所深深吸引。沈从文是个文人，感情热烈奔放，而张兆和也是著名的才女。

为了追到张兆和，沈从文开始给她写情书，内容真挚而热烈，表达自己的爱和情感，如："我行过许多地方的桥，看过许多次的云，喝过许多种类的酒，却只爱过一个正当最好年龄的人。""如果我爱你是你的不幸，你这不幸，是同我的生命一样长久。""你不用来信，我可有可无，凡事都这样，因为明白生命不过如此，一切和我都已游离……"

最后，张兆和被沈从文的一封封情书所打动，两人成就了一段令人羡慕的爱情故事。试想，如果沈从文追求的对象换了，是具有不同文化背景的女子，结果会怎样？恐怕不是读不懂他的情书，就是被他的热烈吓跑了！

爱情无关其他，但又与彼此的文化、环境、背景差异有关。爱情不讲条件，但又讲究门当户对、志趣相投——文化背景不同的爱情，结果一般都很难美满。

所以，我们要勇敢地追爱，也要以对方的条件和感受为标准。我们要了解对方的家庭背景、文化背景、思维方式、价值观、爱情观，然后选择相应或相近的方式追求，如此一来才不会被淘汰出局。

当然，这并不意味着虚假、逢迎、迁就。投其所好和逢迎迁就有着本质的区别，否则就算你打动了对方，赢得了爱情，之后也不可能永远逢迎迁就。一旦你恢复如初的本性，差异性就会显露出来，自然而然会发生矛盾，最终导致爱情失败。

大多数人的"核心爱情观"

武志红说："我们每个人都藏着对爱的渴望，但是同时，身为中国人，我们又会存着很深的对爱的绝望。所以，即使有了爱情，在表达上我们也都心虚气短，觉得不可能实现。"

大多数中国人对待爱情是含蓄而又压抑的，不能完全释放出来，细如发丝，连绵不断，真切、美好却又讲究实际，所以更崇尚爱情上的门当户对。这里说的门当户对，不只是经济条件、物质基础上的，更多的是精神和思想上的。

经济、物质上的差距或许通过努力可以弥补，但是精神和思想不在一个层次，心态和眼界存在很大差距，两个人便很难产生共同话题，无法做到心灵沟通。就算一个人爱一个人深入骨髓，不在乎贫穷与富有，不在乎物质生活的巨大落差，可是一方心中有梦想和远方,另一方心中只有眼前的鸡毛蒜皮;一方思想先进,另一方观念陈旧,又如何心灵相通呢?

比如,鲁迅先生和朱安夫人。鲁迅思想开放,朱安思想陈旧;鲁迅是新思想、新文化的启蒙者,朱安是愚昧无知的旧时代女人……他们的爱情基础都不存在,又如何产生爱与被爱呢?

再如,韩国三星集团总裁的千金李富真与保镖前夫。李富真从小接受精英教育,有气质,有才华,有眼界,具有在商场上运筹帷幄的谋略、智慧和魄力;而保镖前夫家境贫寒,学历不行还不愿读书,能力不行更不知上进,自私、贪婪、敏感……即便一开始李富真被其迷惑,被爱情冲昏头脑,但是面对思想和精神上的不对等、思维和眼界的巨大差距,最后只能选择结束这段错误的爱情。

这告诉我们,爱情真的需要门当户对。

那些超越贫富、冲破世俗的爱情,或许可能收获美好,但是我们需要明白,真正需要对等的绝不是金钱和地位,而是精神和思想上的一致。就是说,即便两人的身份地位、家庭环境有很大差别,就算一人是千金、一人是穷小子,但后者始终能不断提升自己的思想、眼界、心态,与对方保持精神和思想的一致,他们的爱情也会变得越来越美好、和谐。

丽雅的家庭条件很好,父母的生意做得也比较大,她一直被当作小公主养,从小接受精英教育,思维和眼界都是普通年轻人不可比的。大家都以为丽雅会爱上门当户对的年轻人,可是没想到,她偏偏对一个普通的小职员情有独钟。

这个小职员叫强子,出生在一个小山村,直到考上大学才走出小山村。不是说村里的孩子不好,而是所处环境决定了一个人的思维和眼界,家庭条件决定了一个人的精神和思想。所以,无论在物质条件还是思想上,丽雅和强子都存在很大的差距,相当的门不当、户不对。

两人的爱情还没有开始,就遭到丽雅父母和亲朋好友的强烈反对。可是他们都不想放弃,认为错过彼此很难再遇到更好的人。

其实,所有人都知道问题的关键在于强子。强子自然也明白,于是他找到丽雅的父母,坦诚自己一穷二白,正在和朋友规划创业,希望能给他一个机会。

或许是为了让丽雅死心,或许是被强子的冲劲儿打动了,丽雅父母决定给强子三年时间,若是他能创业成功并且使得公司良性发展,他们就不再反对两人的爱情。

接下来,强子一边创业一边上夜校读书,广泛阅读经济管理类、营销方面的书籍,还报名 MBA 培训班去进修,不断提升自己的思维和眼界。这期间,强子和丽雅保持着平等交流,也不断了解丽雅的想法,与她一起进步和成长。

三年时间过去了,强子的公司起起落落,最终得以良性发展。之后,强子和丽雅正式恋爱,两人的感情一直非常好——维系这段美好爱情的,就是双方在思想和精神上的共同成长。

爱情,这个词很诱人,不同的人有不同的解释,也有着不同的感受。但是谁也无法忽视一个共同的因素,那就是精神上的愉悦。很多爱情之所以被现实打败,或许是因为没有面包,或许是因为性格差异,或许是因为厌倦,还可能是因为财富和地位之差,但最关键的是缺乏精神和思想上的门当户对。

思想和精神上门当户对的爱情，才能碰撞出最绚烂的火花，开出甜美的果实。丽雅和强子是如此，《简·爱》中的罗切斯特和简·爱也是如此，赵明诚和李清照更是如此。

恰如《简·爱》中所写道："爱是一场博弈，必须保持永远与对方不分伯仲、势均力敌，才能长此以往地相依相息。因为过强的对手让人疲惫，太弱的对手令人厌倦。"在精神和思想上永远保持门当户对、势均力敌，两人的契合度才能更高，心灵才能相通。

所以，追求爱情的过程中，我们要关注外在的门当户对，更要追求精神和思想上的门当户对。

如果你尚未遇见心仪或是喜欢自己的人时，不要因为爱情激素的影响就盲目坠入爱河，而是应该考量对方和自己是否在外在条件与内在精神上都门当户对。如果你已经坠入爱河，发现自己与对方有着差距，就应该让自己成长，不断更新思想、改变心态，力求两人的思想和精神在同一层次，保持着人生态度和精神素质的势均力敌。

在爱情里，你有你的梦想，我有我的远方，但两人的交流和沟通都能"从心"，两人的裂痕和缝隙自然很难产生，内心的愉悦感和幸福感自然会越来越强烈，进而收获幸福和美好。

三观不一致，怎么谈恋爱

英俊的西方士兵来到神秘的东方国度，遇见一个美丽迷人的西贡女孩，就像所有充满浪漫色彩的爱情故事那样，他们彼此相爱，度过了一段美好而又浪漫的日子。

后来，士兵回到自己的国家，娶妻生子，过着平淡而幸福的日子。或许对他来说，离开便意味着结束，崇尚自由、及时行乐的天性注定他对爱情没有太多的执着。而那个被他遗忘在记忆深处的西贡女孩，却依旧在苦苦等待情郎的归来——是的，她总以为他还会回来。

这是著名音乐剧《西贡小姐》中讲述的故事。两个在不同文化背景下成长的年轻男女因爱情而命运交缠，却又在分别之后因对爱情的不同看法和认知，最终走向截然不同的结局。

对于士兵来说，这段异国恋情或许只是他人生道路上遇到的一处风景，美丽迷人，让人流连忘返。可一旦离开，便只是记忆中一段浪漫的往事。对于西贡女孩来说，爱情却是一生的承诺与守候，需要交付忠诚的坚持。

正是这样截然不同的爱情观,让这个故事成为一出令人唏嘘的悲剧。

可见,三观不一致,怎么谈恋爱?

我们常说的"三观",一般指的是世界观、价值观、人生观,直接决定了我们选择的生活方式以及遇到问题时的处理方式,也直接决定了我们对爱情的认知、理解以及态度,包括择偶标准、如何对待失恋问题等。

爱情的发生是一场不可控的化学效应,在荷尔蒙的冲击下,每个人在陷入爱河的一瞬间,大多会发自内心地涌出"我要义无反顾地去爱他／她……"的冲动。但我们终归要回归到现实生活之中,当爱的激情渐渐冷却,需要面对的是世界观、价值观和人生观的磨合与重组,大多数的爱情悲剧往往都发生于这个阶段。

三观不一致的两个人,无论是谈恋爱还是交朋友,往往都很难走到最后。青春年少时的我们,或许还有时间去挥霍、蹉跎、尝试,一个不对就换下一个。但如今,我们已经不想再浪费时间绕圈子,需要考虑和面对的问题太多了,如工作、生活、理想、现实……所以,为什么不在爱情开始的时候就尽可能选择最正确,也最容易达成幸福结局的方向呢?

爱一个人,我们可以不考虑对方有几套房、几辆豪车,但一定要考察清楚对方的三观与自己究竟合不合,因为这将直接影响我们对爱情的理解和看法——对爱情的理解和看法能否达成一致,直接决定我们将来的结局是走向喜剧还是悲剧。

通常来说,生活在不同文化背景的人,对爱情的看法会有很大的不同。先从大文化背景方面来说,心理学家斯腾伯格通过研究人类学、心理学以及世界各地的爱情诗,得出这样一个结论:生活在亚洲和非洲的人,亲情比爱情、友情要重要;生活在北欧、北美的人,友情、爱情与亲情一样重要,甚至爱情观要凌驾于亲情之上。

就拿中西方国家来说,中国人的恋爱观念比较传统,讲究门当户对,表达爱意会相对含蓄,当爱情出现裂痕时会想尽办法修补、挽回；西方人在爱情上的追求较为随心所欲，表达爱意时热情奔放，当感觉到不爱了就会潇洒放手。

不同的国家，爱情观也会有所不同。比如法国人，他们的爱情观是恋爱自由，追求浪漫，享受恋爱的过程，为了爱情可以不顾一切，但对结婚不感兴趣，不愿意受家庭的束缚；德国人也崇尚浪漫，但不盲目去爱，会在爱情中保留理智；日本人在爱情上更注重心灵契合，选择恋人时更注重性格、责任感。

不同的婚姻制度，会有不同的爱情观。比如，实行一夫一妻制的国家，人民的爱情观普遍追求忠贞专一；实行一夫多妻制的国家，就没有忠贞专一的观念。

在某社交软件上，一名中国女孩用文字讲述了她在异国他乡的爱情故事。

女孩上大学的时候，与某国的留学生相爱了。当家人得知男孩的国家实施一夫多妻制后，纷纷劝说女孩放弃这段爱情。但是女孩拒绝了，她深爱着男孩，并坚信男孩会对她一心一意。后来，女孩随男孩去了他的国家，但让女孩意想不到的是，男孩在留学前已经娶了一任妻子。

女孩很伤心，但在男孩的苦苦哀求下心软了，原谅了男孩。她与男孩"约法三章"，要求他以后只能跟她生活在一起。最初，男孩做到了女孩提出的要求，但时间一久，男孩就放弃了对女孩的承诺，又娶了两位妻子。男孩也开始责怪起女孩，指责她为什么不能像其他妻子那样大度，大家和平相处。

女孩的爱情观没有错，男孩的爱情观也没有错，只是因为两人生活在不同的文化背景下，有着不同的爱情观。当彼此的爱情观不能求同存异时，这段爱情将会是苦涩而痛苦的。

再从文化背景来说，即使是生活在同一国家、同一地区的人，但因为教育程度不同，接触的人、事、物不同，也会有不同的爱情观。

就教育程度而言，越是接受了高等教育的人，他们对爱情的追求就越停留在精神层面；缺失教育的人，对爱情的追求更多停留在物质层面。在路遥所著的《平凡的世界》一书中谈到，当受过高等教育的男主人公和缺失教育的女孩谈古论今、谈人生理想时，女孩却和他谈"家里的猪下了多少崽"。因为爱情观上的巨大差距，这段爱情没能走到最后。

接着来谈接受的教育内容。当人们接受的是保守教育时，他们的爱情观也会是保守的；当接受的是自由、开放的教育时，他们的爱情观也会是自由、开放的。就像中国旧时封建社会的女性接受三从四德教育，她们在爱情上便不敢追求，听从父母的安排；改革开放后，女性接受了自由、开放的教育，她们在爱情上变得敢于追求。

最后来谈接触的人、事、物。我们经常与什么样的人接触，就会在其影响下形成什么样的思想观念。如果你接触的人对爱情报以游戏的态度，你的爱情观就会受到影响，不看重爱情。相反，如果接触的人对爱情报以神圣的态度，你也会看重爱情。

心理学家调查发现，人们更喜欢与自己文化背景相差不大的人在一起，因为爱情观的一致，容易让人体验到爱情的美好。所以，想要有美好的结局，在爱情开始之前先看看三观是否合适吧！三观不一致，怎么谈恋爱呢？

不同阶层的爱情，注定是一个悲剧

现实生活中，很多人看了公主与穷小子、王子与灰姑娘的爱情故事，发现童话里的王子或公主的爱情总是很浪漫，能冲破世俗和阶层，然后以最终过上幸福的生活为结尾。于是，这些人便开始幻想自己拥有美好的爱情，希望自己也能成为童话里那样幸运的人。但是他们忘了，童话都是虚构的——理想很美好，现实很残酷。

杰克·伦敦说过："爱情待在高山之巅，在理智的谷地之上，它必然会经过无数的地形地貌才能到达这个高度。爱情是生活的升华、人生的绝顶。"爱情，或许可以超越年龄和国界，但是真的很难超越阶层。

或许有人说：灰姑娘不是遇到了王子，并且幸福地生活在一起了吗？不要忘了，灰姑娘本身不是平民，她的父亲是贵族，她之所以成为灰姑娘，只是因为后母的虐待而暂时落了难。

不同阶层的人拥有爱情没有错，但是就像河里的虾和海里的虾不能住在一起一样，注定很难修成正果。

闻锐很爱打篮球，在学校里是风云人物，很受女孩的欢迎和青睐。篮球场上，他帅气地奔跑、投篮，每个动作都能赢得赛场外的一阵阵欢呼。当然，多数的欢呼来自他的小迷妹们。

队友曾经酸酸地说："哎！我的球技不比你差，甚至投篮动作也比你帅气很多，怎么就没有女孩为我加油助威呢？你小子的桃花运真的太旺了，我们真的是羡慕嫉妒恨呀！"

每当这时，闻锐都淡淡地笑着，不自鸣得意，也不辩驳解释。他不享受迷妹们的呐喊，也不在乎其他人的喜欢，只在乎一个女孩是否关注自己、喜欢自己——积极乐观、漂亮大方的安然。

闻锐和安然彼此喜欢，但是这一层窗户纸一直没有捅开。

其实，闻锐早就想要表白，但是无数次鼓起勇气又无数次打消了，他只能小心翼翼地守护着这份感情，既想要进一步发展，又不敢有进一步的行动。原因很简单，他感觉他们两个人似乎并不属于一个世界。

闻锐的家庭条件很一般，父亲是收入低微的工人，母亲有病在身，需要常年卧床休息。他自己的学习成绩也一般，只是因为篮球打得好才被保送到这所大学。从高中开始，他就在外打工兼职，一方面补贴家用，一方面为自己上大学攒学费和生活费。

安然的家庭条件非常好，父亲是当地非常有名的律师，母亲是一位外科医生。安然从小就被当作小公主宠着，学习成绩也非常优秀，还擅长跳舞、弹钢琴。从高中起，安然就是大家口中的女神，到了大学，更是被无数追求者包围着。

爱情就是这么神奇，两个完全不同的人相互喜欢。尽管两人知道彼此之间的差距，但是闻锐真的喜欢安然，希望能和她好好地在一起。然而越是相处，他就越感觉到两人的差距，感觉自己和安然不可能在一起。

安然过生日，闻锐送给她一条项链，那是他用打工一个月攒下的钱才买到的。安然很喜欢这份礼物，为了答谢要请闻锐吃饭。结果，闻锐发现那顿饭的价格竟然比项链还要贵，重要的是，安然说自己是那家餐厅的会员，时常到那里吃饭。

闻锐在篮球比赛中拿到第一名，安然送给他一双球鞋，那是一个奢侈品品牌，价格达到几千元。闻锐从来没穿过这么贵的鞋子，安然却认为这只是一个小礼物。

安然是善解人意的，从不在闻锐面前说起金钱，也不会说两人的差距。但是，闻锐知道安然是被呵护的天之娇女，不知道底层生活的艰辛，更不理解自己为什么要拼命做兼职。

闻锐知道自己骨子里是自卑的，害怕别人说自己配不上安然，更害怕在之后的日子里表现出窘迫。所以，他真的喜欢安然，却不敢捅破那层窗户纸，甚至每当安然想要表白时，他会选择逃避。他不知道，不同世界的两个人能否真的在一起，更不知道不同阶层恋爱的未来究竟在哪里。

有人说，爱情是超越阶层、种族的，甚至能超越年龄和国界。但是，大多数情况下，这样的爱情注定没有未来，甚至会以悲剧结尾。因为阶层不同，最明显的就是他们的经济条件不同、生活环境不同。就像闻锐和安然，一个吃尽生活的苦，拼命兼职才能赚到生活费，一个却被宠爱着长大，每天过得无忧无虑；一个习惯节俭，认为几百元、上千元的礼物已经很贵重，一个却对金钱没有概念，把品牌、奢侈品当作日常用品。

闻锐和安然虽然就读于一所大学，但是完全不在一个层次。闻锐全力以赴的终点，却是安然从出生就已经拥有了的；闻锐拼尽全力给予安然的，安然其实早就轻松得到了……无论是一顿饭、一个礼物还是之后的生活，都是如此。

不同的阶层，对于爱情的需求是不同的。对于闻锐这样的人来说，每天接触的都是辛苦奋斗、草根底层，他对于爱情和欲望没有太多、太完美的要求，只是想要一段平常朴素的爱情、一个温暖的家庭。或许一开始恋爱时，他会追求浪漫、激烈的爱，但是时间长了，激情消退之后，内心便倾向于美好而稳固的爱情。

对于安然这样的人来说，接触的世界更广阔，习惯了高档生活的灯红酒绿，所以更在乎爱情的感受，更在意浪漫、激情的感觉。甚至有些富人阶层对待感情并不认真，所以爱情来得快、去得也快。比如，有些富豪喜欢猎奇，就不断在娱乐圈传出绯闻。

即便恋爱时我们可以克服一切困难，战胜所有的问题，但是当步入婚姻，恐怕也会无能为力。毕竟爱情只须考虑两个人,婚姻则关系到两个家庭、亲朋好友以及各种社会关系。

所以,请慎重对待不同阶层的爱情,不要把它当作童话故事。

爱情没有年龄界限,但是代沟和年龄有关

对于很多理想主义者来说,爱情与年龄无关,只要有爱、有真心,爱情便没有年龄界限。

一家婚恋网站做过调查,数据显示:18~25岁的女性中,70%是大叔控。被问到"大叔的魅力何在"时,91%的女性认为大叔成熟、会照顾人,84%认为大叔稳重、有魅力,74%的人认为大叔有安全感和经济基础,53%的人则认为大叔的生活品质高。

同时,随着女性力量的崛起以及绝大部分人爱情观的改变,姐弟恋成为众多女性的选择,也逐渐被社会所接受。

显而易见,不论男女,绝大部分人已经不在乎年龄的差距,认为只要心中有爱,年龄便不再是爱情的阻碍。现在,很多人认为美好的爱情就应该是这样:男子而立之年,事业有成,稳重而又睿智,长得玉树临风;女子初入社会,青春

靓丽，热情开朗。几次接触后，两人产生强烈的化学反应，爱情自然而然地产生。

可是，现实真的如偶像剧和童话故事般美好吗？年龄真的不是问题吗？回答这个问题前，我们不如先来看看这个女孩的爱情故事。

95后女孩果果热情开朗，对于爱情有独特的理解：颜值很重要，恋爱就应该找能让自己身心愉悦的人；不管他爱不爱我、结局怎样，我都要大胆地追求爱情；年龄不是问题，成熟稳重有经济实力的大叔更好；爱一个人，就应该和他做一切疯狂的事情，还为自己和爱人制订了一系列的冒险计划……

后来，果果喜欢上比自己大10岁的方磊。

果果初见方磊是在一次客户见面会上，他是合作项目对方公司的负责人。与他人应酬时，他谈吐优雅，语言不失幽默；讲解方案时，他思维敏锐，淡定自如。果果被这位拥有成熟魅力的"大叔"迷住了，认为他比追过自己的幼稚学生以及和自己一样初入职场的毛头小子更有魅力，并将这种魅力放大到一万倍。

客户见面会后，果果开始收集方磊的个人信息，包括恋爱状态、性格、喜好等，然后有计划地接近他、追求他。

一开始，方磊没有把果果当回事，毕竟他这个年纪的男性见过很多追求自己的女孩，也谈过几次恋爱，怎会对一个小姑娘的追求上心呢？而且，在方磊看来，两人的年龄差距太大，彼此很难培养出爱情。

可是，爱情就是这样神奇，方磊慢慢地也被果果吸引，对她产生了爱情的情愫。他说服自己，既然爱了，为什么不疯狂一下，不给彼此留有遗憾。接下来，方磊和果果恋爱了，方磊沉寂许久的激情被果果点燃，好像又回到二十多岁勇敢、热烈的时候。

果果则享受着方磊的体贴和照顾，以及对自己小脾气的包容与忍耐。而且，果果认为方磊似乎很懂自己，因为自己每次有什么需求不用说出来，他就能及时领会。

然而，恋爱的甜美没有持续太久，几个月后，两人似乎就有了一道看不见的鸿沟——这道鸿沟自然是年龄差距造成的。人们常说"三年一小沟，五年一大沟"，两人整整差了10岁，中间的代沟可想而知。

恋爱时，方磊和果果的爱情观念、价值观念、思维方式、心理状态、生活习惯等都有很大的差异，交流和沟通上自然也存在不少问题。

比如，果果认为爱了就应该轰轰烈烈，用一切疯狂、极端的方式证明爱的存在；方磊则渴望一份纯粹的感情，可以有甜言蜜语，但没必要非要做那些华而不实的事情。果果的思想开放，认为既然爱了，自然而然可以发生性关系；方磊对性则比较谨慎，认为两人的感情到了一定程度时才可以有进一步发展，这是对果果也是对自己负责。

又如，果果虽不是拜金女，但是认为既然你的条件优厚，就应该为我提供优质的生活，这样可以抵消我和同龄人交往的不足。如果你能接受，我们可以继续恋爱，如果你不能接受，我们就可以结束了。

对于这一点，方磊是不能接受的，他认为果果就是拜金女，贪图物质享受。他心目中的爱情是神圣的，不能说好就好、说分就分。

再如，作为95后的果果更为激进、张扬，喜欢自由，不受约束。痛快或不痛快时，和几个朋友一起去唱歌、泡吧是再平常不过的事情，第二天照样上班，照样跟方磊约会、看电影。

方磊却认为，既然两人确立了恋爱关系，果果就应该尊重自己，不应该做那些出格的事情。

此外，两人的交友观、消费观、家庭观等也有很大的差异，交流和沟通越来越不顺畅，矛盾越来越多。最后，两人迅速地分手了。

或许你认为这只是个例,从古至今,多少"忘年恋"、年龄差距较大的爱情不都有一个美好的结局吗?是的,我们不否认这一点,但是同样不能否认,如果内心不足够强大,彼此不做出改变,年龄鸿沟真的可以摧毁爱情的美好。

80后的男女,恋爱时一般是逛街、吃饭、看电影,恋爱的目的是结婚,即便发生矛盾也很少会立即分手;90后的男女,动不动就去蹦迪、泡吧,态度潇洒,意见不和就分手;00后的男女,则是游戏厅、追"爱豆"场所的常客,爱玩闪电分离,不到一周就分手的比比皆是。

试想,80后和00后恋爱,只是心动就可以吗?只要心中有爱就可以吗?你想一起逛街、看电影,他/她却认为这些约会方式很俗气;你还没有进入恋爱状态,他/她却已经提出分手;你倾向于结婚,他/她却热衷于闪电般的爱情和闪电分手,那么,爱情如何得以继续?

因此,好的爱情没有年龄界限,但年龄却使得两人产生巨大的代沟。这个代沟是看不见的,却是最致命的。超越这一代沟,需要多么强大的内心,拥有多大的勇气呀!

那些让人无法拒绝的小词汇

爱情是浪漫的,表白更是如此。一句带有情趣、爱意的表白,一些让人心动的词汇,总能拨动对方的心弦,让对方无法拒绝你的爱。

还记得笛卡儿那个著名的爱情公式吗?

$r=a(1-\sin\theta)$。

这只是简单的数学公式,但它也是一句浪漫的情话。在无法向心爱的人克里斯汀表达爱意时,笛卡儿用这样的爱情密码来表白。接下来,一颗心形图案出现在克里斯汀的眼前,她顿时便明白了笛卡儿的心意,不禁流下欣喜和感动的泪水。

据说,笛卡儿的这封情书仍保存在纪念馆,他们凄美而浪漫的爱情故事也流传至今。

且不说这段故事是真是假,就说这样的情话表达方式,真的奇妙而又美好。或许正是因为少男少女都向往唯美的爱情，所以宁愿相信这个故事的真实性，并且希望自己能收到如此独特且浪漫的表白。

正因如此，陷入爱河的人们精心准备了一些让人无法拒绝的爱的词汇，包括奇妙的数学公式表白，如 $128\sqrt{e986}$，擦去上面那一半，就只剩下"I LOVE YOU"。

又如听起来很腻人，但实际上很撩人的土味情话：

"你猜我想吃什么？——不知道啊。——痴痴地望着你。"

"我们来玩木头人不许动游戏吧。——好。——我输了。——为什么？——我心动了。"

"如果哪一天我想环游世界了，可以围着你转一圈吗？"

再如，有人提到有关专业的表白，如化学元素的表白——Os As At Ge Nb, Nb Pu Kr Y Pu Li Os, Zn Li Pu Kr Y U Ti Ag，谐音是：我深爱着你，你不可以不理我，心里不可以有别人。

曾在网络上看到这样一个有趣的故事：

男孩是服装设计师，一个偶然的机会，他遇到了自己的女神。女神美丽大方，聪明有才华，有很多追求者。

男孩不是很自信，自认为不比那些追求者条件好，可爱情的力量是巨大的，他对自己说："不尝试，怎么知道她就

如何让你爱的人
也爱上你

一定不喜欢我呢?"

接下来,男孩特意设计了一组有创意的表白T恤,将表白和元素周期表巧妙地结合起来。第一天,他在T恤衫上设计这样的文字:You are really Cu Te!"Cu""Te"这两个化学元素组成英文单词"cute",意思是你真的很可爱!当然,女神不知道这句话的含义,没有任何表示。

第二天,男孩在T恤衫上设计了这样的文字:Girl, you're really Be Au Ti ful!化学元素"Be Au Ti"与"ful"组成英文单词beautiful,意思是:女孩,你真的非常漂亮!女神依旧不懂是什么意思,但觉得这样的设计很有趣。

第三天,男孩继续设计T恤衫的文字:Girl, you're a total Ba Be!化学元素"Ba Be"组成英文单词babe,这句话翻译过来是:女孩,你是我的宝贝!这下女神似乎明白男孩在向自己表白,但是不敢确定。

第四天,男孩设计出这样的文字:Baby, you are the O Ne!意思是:宝贝,你是我的唯一!女神觉得这样的表白很独特,这些文字很有情趣。女神有些心动,她主动找到男孩,问道:"你是不是喜欢我?"就这样,女神答应了男孩的追求,两人的甜蜜爱情开始了。

可是男孩的甜蜜告白还没有结束,他又设计了一些表白的文字:Oh, no, she didn't!She Did? O Mg!意思是:

哦，不！她没同意！她同意了？我的天啊！又如，I made a chemistry funny He He！意思是：我和她之间产生了化学反应！

看吧！一些有情趣、独特的词汇，真的让人无法拒绝！

很多人的形象不错，性格也很好，可就是一到表白环节就失败了。很简单，是因为这些人的表白话语无法打动对方，或是俗套，或是苍白。爱情最美妙的时刻，是遇到心仪的人时怦然心动，除了表现你的才华、学识、魅力外，就是最动人的表白。

当然，让人无法拒绝的表白不能只停留在甜言蜜语上，否则只能流于表面，也更为浮夸。表白是在表达你对对方的喜欢，而真正的喜欢源于你经历的，或是对方给予你的美好。把这种经历或是美好表达出来，对方才能感受到你的喜欢，产生美好的感觉。

所以，表白的话不要太空，不能有太多对于未来的空白承诺。

土味情话可以说，但不能说得太多、太频繁，不能对那些性格敏感、内向的人说。土味情话说多了，就显得有些油腻，会引起对方的反感。那些独特的小情话，你要说给懂的人听，如果是自说自话，对方根本听不懂就没有意义了。

其实，你可以先抛出谜题，引起对方的兴趣和好奇心，然后再给予解答，或许效果会更好一些。

表白很重要，但你需要抓住表白的时机，不能刚认识就表白，就说所谓的情话。通常来说，遇到这样的情况，无论是女性还是男性都会选择拒绝，因为他们认为这样的人过于轻浮，在爱情上是个很随便的人。

需要强调的是，如果对方没有答应你的表白，你不要一而再再而三地重复自己的心意，更不要说一些暧昧的话语。这样会让对方觉得你很难缠，就像狗皮膏药一样，进而对你敬而远之。

爱情离不开那些让人无法拒绝的表白和情话。独特的词汇可以让爱情有一个美好的开始，让两人的感情迅速升温，增添爱情的甜蜜和情趣。不过，你还要讲究表白和说情话的技巧，增加自身的吸引力，如此才可以用它推进两人的关系更进一步！

第三章
第一眼效应成就"万人迷""白月光"

第一眼和第一次对于人们来说是非常重要的,尤其在爱情中最为重要。第一眼,我们展现最好的一面,就可能成为人人喜欢的"万人迷";第一次,我们让对方喜欢和欣赏,就可能瞬间遇见爱情。所以,想要让你爱的人爱上你,就好好利用第一眼效应吧!

一见钟情是什么原因

在这个世界上,恐怕没有比一见钟情更美好的爱情了。无论是中国本土还是西方世界,对于一见钟情的描写都是浪漫的、唯美的——看一眼,就被对方牢牢吸引;一次邂逅,就不可救药地爱上了对方。

人的天性,使得绝大部分年轻人喜欢追求浪漫的爱情,甚至在潜意识里把爱情和浪漫画上等号。于是,遇到给自己留下第一印象的异性,就会联想:这难道就是一见钟情吗?接下来,一次愉快的互动,一次志趣相投的谈话,不断刺激爱情激素的分泌,自然而然地产生心跳加速、意乱情迷的感觉。

心理专家指出,与陌生人交往时,第一印象很重要,会极大影响双方以后的交往——就是因为第一眼被对方的颜值、气质或行为吸引,瞬间就会产生来电的感觉。

那么,一见钟情是空穴来风的吗?还是一个人可能对很多人一见钟情?

当然不是这样。心理学家认为,人之所以对异性一见钟情，很大原因是大脑中早已存在想象好了的"爱之图"。

无论是男性还是女性，他们都会把理想的爱人形象储存于大脑中，这一形象有特定的身高、体形、眼神、发型、风度及服饰等信息。当第一次遇到与之匹配的异性时，眼睛就会迅速地把这些信息传递给大脑，使得大脑产生大量的爱情激素，引起心跳加快、脸色变红等反应。而且，这个异性和大脑中的形象越吻合，爱情激素分泌就越多，越容易产生一见钟情的感觉。

至于那个形象的产生，也可能是父母早期勾画的，如父母在我们小时候就有意识无意识地灌输这样的观点：成熟稳重的人更值得信赖，或是某个人性格开朗，一笑有颗小虎牙，真的很不错。同时，一些男性有恋母情结，大脑中那个形象通常与母亲的一些特质相吻合；一些女性有恋父情结，大脑

中那个形象或多或少与父亲的形象相似，甚至完全吻合。

比如，拿破仑爱上约瑟芬，是因为约瑟芬和母亲太像了；麦当娜爱上肖恩·潘，也是因为肖恩·潘与她父亲的形象很吻合。

另外，人们可能会移情于童年、少年时期对自己影响很大的某个重要人物，如自己喜欢的一位老师、曾经救过自己的陌生人、对自己特别好的邻居，把他们作为理想的恋爱对象储存在大脑中。遇到与之形象相似或匹配的异性后，立即产生好感，并且有众里寻他千百度的感觉。

大一军训时期，女孩默默对一个学长杜越一见钟情。杜越是默默班级的副教官，协助教官进行队列训练。杜越长得不算特别帅，因为长时间在太阳底下站立，皮肤还有些黝黑。可默默就是动心了，一看到他就会心跳加速，手心冒汗。

训练时，杜越站得笔直，表情严肃，对所有同学都是高要求、严管理。一到休息时间，他就开朗地笑着，关切地让同学们多喝水、多活动，有不舒服一定要及时反馈。

阳光下，杜越的一颦一笑都让默默着迷，她发誓等到军训结束后一定要表白。

宿舍的几个同学混熟后，大家平时会闲聊一些"八卦"，其他人都说另一个学长帅气，好像年轻版的李易峰。可默默偏偏认为杜越最帅气,并且坦诚说:"我觉得我恋爱了,对学长一见钟情!"

其实,默默之所以对杜越一见钟情,就是因为杜越与她大脑中"爱之图"的形象非常吻合。之所以默默会勾画这样一个形象,跟她6岁时一次经历有很大的关系。

当时,默默与妈妈一起外出买菜,她一边吃着棒棒糖,一边蹦蹦跳跳地跟着妈妈。突然,一只一米多高的大黑狗不知从什么地方冲出直奔默默而来,妈妈吓坏了,急忙扔下手里的东西想要抱起默默。可是,妈妈势单力薄,怎么可能挡得住大黑狗,两人都被扑倒在地。

危急时刻,路旁的一家商店里冲出一个少年,手拿铁锨把大黑狗挡住,然后把它赶跑了。当时,这个少年身穿迷彩服,脸上皮肤黝黑,笑起来阳光灿烂。他是商店老板的孩子,参加完高中军训刚刚回到家。杜越的身高、体形,尤其是阳光下的笑容与那个少年很吻合,所以默默一看到杜越,她的大脑中就产生了大量的爱情激素,产生一见钟情的感觉。

"爱之图"真的很神奇,就算我们找不到与这个形象相吻合的异性,也会被有类似特质的异性所吸引。因此,对于这些人来说,颜值或许不太重要,外在条件也没有什么,只要这个人与自己的"爱之图"符合,就可能一见钟情。如此一来，一些人偏偏喜欢有大胡子的异性，或是不漂亮也不温柔的异性，就不足为怪了。

除了"爱之图"的因素，一见钟情的产生还可能会受到环境的影响。我们知道，人是情绪动物，而情绪很容易受到环境影响——就好像一个人坐过山车，自然会心跳加速一样。

人处于浪漫的环境，或是被英雄救美，更容易对异性一见钟情。比如，巴黎是浪漫之都，每个去往那里的人都幻想着能遇到浪漫的爱情，恰好这时邂逅到一个给自己留有第一印象很不错的异性，自然就会怦然心动。再如，旅途中，身边的景色宜人，身边的人温柔可爱，我们也会下意识地想要恋爱，更容易对异性动心。

简言之，一见钟情是爱情激素所刺激，是爱之图的存在，也是环境的诱导。恰是这些因素，人们感受着爱情的魔力，享受着爱情纯粹、浪漫的样子，甚至让感性打败理性。

如果你真的对一个人一见钟情，那就好好享受这一份美好的甜蜜吧！

初见，"真"到极致便是傻

有人问："与异性初次见面，你是保持真性情，还是伪装一下呢？"

很多人会选择前者，认为不展现真实的自我，难道不是欺骗吗？就算得到好感并产生爱情，之后要怎么办呢？当对方发现初见时的自己并不是真实的，而是经过伪装的，结果岂不是更加糟糕？

没错，最好的爱情就是彼此保持自我，彻底地做自己，但前提是不放纵自我，不失去对对方的尊重。如果我们始终认为自己应该保持真性情，在家里或者公司想怎样就怎样，在亲近的朋友面前想如何就如何，那就真的与爱情无缘了。

举个例子，你认为女孩的服饰应该简单大方，可是初次见面的女孩穿的服装偏偏是淑女风，不符合你的审美观点，你就直截了当地说："你为什么会穿这样的衣服？难道不觉得很幼稚吗？"你是真性情，可是没有考虑到对方的感受，恐怕女孩不会再想跟你多说一句话。

再如，与初次见面的异性谈话时，犹如跟好朋友闲聊般夸夸其谈，偶尔还怼上几句，或是说话太直接，想说什么就说什么，如何给对方留下好印象呢？甚至一些男性自以为很幽默，谈话过程中讲一些不合适的笑话，甚至言语肮脏，恐怕对方不是马上愤怒离开，就是泼他一脸咖啡吧？

与异性初见，我们可以展现真实的一面，但是"真"到极致不是傻，就是没有素养。

王谦今年28岁了，谈过几次恋爱，可是都无疾而终。父母非常着急他的婚姻大事，下死命令说："今年年底，你必须结婚，否则别想进家门。"

为此，王谦开始让朋友介绍相亲对象，可是好几次相亲都被他搞砸了。朋友抱怨说："与人家女孩第一次见面，你能不能收敛些，不要表现得那么'真'呢？"

王谦反驳说："真实点儿不好吗？现在这个年龄的男女相亲都是冲着结婚去的，不展现真我，岂不是浪费时间？"

朋友听了只能摇头，不再继续给他牵线搭桥。

其实，王谦相亲不成功很正常，因为他太"真"了，甚至有些肆意。

与第一个相亲对象见面时，王谦早到5分钟，就点了一杯咖啡悠闲地喝起来。女方到了之后，客气地与王谦打招呼，

第三章 第一眼效应成就"万人迷""白月光"

可王谦上下打量对方好一会儿，才站起邀请对方坐下。

这让女方感到很不自在，但是碍于面子没有说什么。接下来，还没有寒暄几句，王谦就直接说道："你我到了这个年龄，相亲就是为了结婚，所以我们没必要谈情说爱，接下来介绍一下个人情况，若是合适就在一起，若是不合适就别浪费彼此的时间……"

王谦说得确实是事实，但是这样直来直去把话说得如此不好听，真的让女方不舒服。结果他还没有说完，女方更干脆地说："对不起，我们不合适！"然后就离开了。

还有一次，王谦与另一位相亲对象见面。女方显然是精心打扮过了，穿着漂亮的裙子，化着精致的妆容。王谦则只是穿着平时的衣服，连头发都没有打理，给人很随便的感觉。

相亲过程中，王谦不主动找话题，还接了几个电话，使得场面一度很尴尬。要知道，像这样的见面场景，女性一般比较含蓄，就算她再开朗善谈，往往也会等着男方主动。所以，女方对王谦的印象很不好。

接下来，王谦还犯了一个错误，竟然打听起女方的收入和开销，说既然过来相亲就应该先做详细的了解，毕竟相亲和谈恋爱不一样，是找个合适的人过日子。

就这样，王谦相了一次又一次的亲，结果都一无所获。

德国心理学家在实验中发现这样一个有趣的现象：刚刚破壳而出的小鹅，分不清哪个是自己的母亲，而是认为第一眼看到的就是母亲，然后本能地跟在这个"母亲"后面。而且，小鹅一旦认定这个"母亲"，就会永远跟随它，不会再跟随其他物体。

这足以证明第一印象的重要性。所以，对于任何关系来说，初见都是极其重要的。

许多朋友间的关系，是通过初见打好基础的；许多职场上出类拔萃的精英，也是通过初次面试而决定的。与异性之间的相处更是如此，第一次见面甚至第一眼，就已经决定了是一见钟情还是相看两厌。

一般来说，与人初次见面，45秒钟内就能产生第一印象。

第一印象一旦在大脑里形成,无论是好感还是反感,都会在之后的时间占据主导地位。为此,很多人非常重视与异性的初次见面,力求在外形装扮、言谈举止、做事态度上给对方留下良好的第一印象。

我们要展现真实的自己,表达自己的思想、主张,但必须打造良好的形象,同时在言行举止上约束和控制自己。比如,我们平时喜欢素颜,穿着随意,性格中有些放荡不羁,但外出办事或者相亲就要穿戴讲究,最好做一番打扮,行为上要有所收敛,不求优雅但要得体。

人的气质、素养以及内心深处的想法都会形之于外,在一言一行上显露无遗。

其实,很多一见钟情不是源于高颜值,而是源于对对方仪表、表情、服装、语言、行为以及眼神等的印象。而且,第一印象还可能形成正面或负面的心理定式。

如果第一印象良好,我们心中就会形成正面、积极的心理定式,之后在接触中倾向于挖掘对方身上更美好的特质,包括外在的形象、言行,也包括内在的品质。然后,自我心理暗示说:"看吧!我的感觉没有错,他/她果然是个彬彬有礼、有学识和素养的人!"

若是第一印象不好,我们心中就会形成负面、消极的心理定式，在接触中则倾向于挖掘对方身上更糟糕的特质。然后，自我心理暗示说："看吧！我的感觉没有错，他／她果然是个随便轻浮、不靠谱的人！"

《礼记》中说："敖不可长，欲不可从，志不可满，乐不可极。"这告诉我们：人是有欲望和需求的，追求功名、金钱、地位等是人之常情。但是，人还应该有自律和节制，懂得控制自己的欲望。

所以，我们应该保持真正的自我，也要进行自我约束，多一些礼仪、素养，不过于放纵自己。只有如此，才能给别人留下良好的第一印象，赢得别人的好感。

积极创造"第二次初见"

什么是"第二次初见"？

很简单，第一次是偶然的邂逅，你和他／她相遇但不相识，对方没有太在意你，但是你对他／她一见倾心。或是你和他／她很久之前相遇过，你把对方放在心上，心心念念，接下来便是积极制造巧合，来一场"第二次初见"产生一见钟情的机会。

这是不是就是我们常说的有心计?

其实,浪漫都需要花费心思来创造。这个世界上,哪有那么多偶然邂逅的一见倾心,又哪有那么多转角就撞到爱的巧合?大多数人发生不了浪漫的邂逅,也遇不到让自己一见钟情的那个他/她——就算你对他/她一见钟情,可是对方早已转身离去或是根本没有感觉,爱情也不会发生,不是吗?

我们要相信一见钟情,可是不能把自己的爱情寄托于巧合,这无异于把个人命运寄托于猜硬币。所以,邂逅喜欢的人,就应该积极创造浪漫的"第二次初见",为自己制造爱与被爱的机会——心中有暗恋的对象,就别把这份爱继续放在心里,而是大胆地策划一场巧遇,为两人制造浪漫的开始。

花些小心思,让对方开始注意你,对你有好感,甚至一见钟情。这是一种心计,更是一种浪漫的情怀。

秦怡和老公大靖举行了浪漫的婚礼,亲朋好友都来见证这对新人的幸福时刻。婚礼上,司仪让两人讲述相遇相爱的经历。秦怡笑着说:"我们的相遇是一次巧合,也是一种奇妙的缘分!"

司仪看向大靖,问道:"是吗?"

大靖也笑了,说道:"其实,我欺骗了小怡。这个世界上根本不会有那么多的巧合,那次她认为的所谓巧合是我精心制造的。"

接着,大靖讲述了两人的故事。那时候,大靖到某商业中心办事,路过街口时看到一群人正在组织一场关于动物保护的宣传活动,秦怡负责给行人分发宣传资料。她来到大靖面前,声音轻快地说:"先生,这是关于保护小动物的宣传资料,请你收下并仔细阅读。"

说完,秦怡的脸上露出阳光般的笑容,微微鞠躬后又转而走向其他路人。大靖被秦怡的笑容感染,不禁多看了两眼,发现她脸上的笑容始终没有消失过,就算路人不客气地拒绝,她也报以微笑和鞠躬。

大靖对秦怡产生了好感,决定追求这个姑娘。他没有直接采取行动,而是积极地创造了一次浪漫的邂逅。当然,那张宣传资料给了他很大的帮助。

大靖了解了这个动物保护组织的一些具体情况,还了解到一周后有一些志愿者会到一所爱心基地做义工。于是,他通过电话联系,也报名参加了这次义工活动。

果然,在爱心基地,大靖遇到了秦怡,远远地看到她在给一只小狗洗澡。大靖使了个小心机,让小狗冲向不远处的自己。就这样,他和秦怡邂逅了。两人愉快地交谈起来——谈小动物的保护,谈兴趣爱好,谈很多有趣的事情。

后来，为了见到秦怡，大靖还参加了很多义工和宣传活动，制造两人相处的机会。两人走得越来越近，最终收获了幸福的爱情。

听完大靖的故事，亲朋好友们都哈哈大笑，秦怡则假装生气地说："原来，我是被你算计了！"

大靖微微一笑，说："是啊！你认为的巧合，其实是我精心设计的浪漫邂逅，难道这种浪漫不比巧合更美好和令人着迷吗？因为第一次邂逅就让我喜欢上了你，所以我积极制造第二次巧合让你喜欢上我。这就是我们的一见钟情！"

是的，爱情是一种巧合，但也不是一种纯粹的巧合。一次偶然的邂逅，让你遇到喜欢的人，可偏偏对方没有看到或

在意你。这时候,做害羞胆小的人,或是只相信所谓的巧合和缘分,你和喜欢的那个人就可能永远是平行线。

爱情需要你自己争取,需要自己制造一些浪漫邂逅的机遇。比如,在图书馆,你遇见了那个他／她正在看一本某某作者的书,这时候可以坐在他／她的对面,也看同一类书,或是等他／她到书架上拿书时不小心"抢"同一本书。

偶遇、拥有共同的兴趣、共同喜爱某个作者……所有这些对方以为的巧合,其实都是你设计好的,目的就是不动声色地让彼此一见钟情。难道说,这样的相爱就不浪漫吗?

类似的桥段,我们经常在各种偶像剧中看到。这样的场景,往往是一些年轻男女想要的,尤其是女性朋友想要的。当然,我们需要注意:如何制造浪漫的第二次初见,是需要花些心思的。

任何事情想要有美好的结果,少不了天时、地利、人和,制造浪漫的邂逅也不例外。首先,我们要选择好初见的地点,应该是令人感到舒适、自然、放松的地方,最好环境优美、浪漫,比如西餐厅、咖啡馆。如此一来,两人才更容易产生情愫,留下美好而难忘的回忆。

我们还需要选择好初见的时间,最好是上午或者中午,而不是晚上。因为晚上的光线比较暗淡,很难让对方对我们产生深刻的印象，更重要的是这个时间段，人们对于陌生人的防备心最重，很难让人接近。

最后就是事件。所有的浪漫爱情都源于一个事件，或是美好的，或是惊险的，或是温馨的，或是感人的……我们制造的事件要合情合理，就像大靖一样，让冒失的小狗撞到自己，或是"抢"到同一本书、在他/她面前不小心掉了东西、拿错快递、每天同坐一部电梯……

爱情可能始于一种偶然或巧合，也可能始于我们精心制造的巧合和邂逅。虽然刻意，但足以令对方感动，因为制造浪漫本身也有一种别有情调的浪漫。所以，如果与喜欢的人没有遇到一见钟情，我们就自己制造吧！

未必一见钟情，但可以一见如故

两个萍水相逢的人，只需看一眼或见一次便被彼此吸引，所以一见钟情能够发生。

爱情犹如一种神奇的魔力，能够让两人迅速坠入爱河，好像这个世界只有彼此。然而，这只是极小概率的事情，无数人幻想着能遇到那个让自己一眼万年的人，但是追寻着、追寻着，始终未能如愿。

于是，一些人开始怀疑爱情，不愿意接受爱情。可是，美好的爱情并非只有一见钟情，就像我们所说的，一见钟情可能源于爱情激素，也可能是环境造成的。就算没有一见钟情，两人通过交谈发现双方有着许多相似性，也有很多吸引自己的地方，同样可以一见如故。

一见如故的吸引力，似乎比一见钟情更加强大，因为这种吸引力是内心交流的结果，更容易引起内在的共鸣。两个人第一次见面，没有心动和来电的感觉，可是感觉到对方和自己志趣相投，像是一见如故的老朋友。之后，两人无所不谈，心灵相通，不知不觉间，这个关系就发展成了美好的爱情。

诚如《红楼梦》中的贾宝玉和林黛玉。初见时，宝玉说道："这个妹妹我见过。"之后两人彼此多了一些关注，接下来是了解和相处，然后是情投意合、心有灵犀，最后发展成只有彼此的爱情。

冯媛媛在朋友聚会上遇到一个男孩子，感觉到对方身上好像有一种神奇的吸引力，让她莫名地产生好感。冯媛媛知道自己对这个男孩有些一见钟情，而她获得了最好的结果——那个男孩也有同样的感觉，两人迅速坠入爱河。

就在所有朋友都为冯媛媛遇到了真命天子而感到高兴

时，冯媛媛却跟男孩分手了，这真的太出人意料。后来，冯媛媛说："我当初喜欢他，只是那一刻他给我留下非常好的感觉，发现他符合我的审美观，然后就脑补了双方在性格、兴趣、爱好等方面都是契合的。可是相处之后，我发现我们并不合拍。"

一见钟情，大部分是被外在吸引产生的爱情。它是美好爱情的开始，那种来电的感觉确实让人着迷，但并不意味着就有美好的结果。随着了解的深入，彼此性格、性情、三观的展露，合得来，结果自然美好，而合不来，激情就可能迅速消退。

所以，爱情是最不可控的，不要拿一见钟情当作衡量爱情的唯一标准。想要一见钟情的爱情维持长久，我们需要更深层次地接触和了解，发掘共同的兴趣与爱好。

若是与初见异性没有一见钟情的感觉，也不要轻易消极应对甚至转身离开，否则，我们很可能错过彼此的姻缘。

后来，冯媛媛通过朋友介绍结识了陈寻。第一次见面时，她对陈寻的印象还不错，对方身材高大，样貌端正，但少了心动的感觉。

冯媛媛就下意识地否定了陈寻，认为第一眼没有感觉的人，之后也很难产生心动的感觉。可是，冯媛媛很快就发现自己错了，他们第一次见面后的相处实在太美妙了——两人在兴趣爱好、爱情观上有着许多共同点，简直就是一见如故。

冯媛媛喜欢绘画，陈寻也喜欢看画展，且有着优秀的鉴赏能力。恰好他们最近看过同一个画展，两人就谈起画展上的一些新锐画家，你一言我一语，气氛非常融洽；陈寻喜欢看悬疑类电影，冯媛媛也喜欢看大卫·芬奇的《七宗罪》，对于他的摄影风格十分欣赏……

原本，冯媛媛打算跟陈寻寒暄几句就借口离开，没想到，两人越谈越投机，好感度持续上升。相处一段时间后，两人互相喜欢，甜蜜地谈起恋爱来。

在后来再谈起这段爱情，冯媛媛说道："我真的没有想到会爱上他，因为初见之时并没有心动的感觉，自己脑补了很多离开的借口。可是真正接触多了，我才发现，我们只是没有一见钟情，剩下的八九分是非常契合和默契的。"

如今，冯媛媛和陈寻的爱情持续升温，他们正准备步入婚姻的殿堂。

可见，所谓的爱情未必一见钟情，但可以一见如故。

只要让对方对你一见如故，无话不说，无话不谈，好感、欣赏、投契的感觉就会不自觉地从心底冒出来。当发现对方讲的事情是你感兴趣的，对方看的电影是你喜欢的，对方去过的风景是你认为最向往的，爱情就已经开始萌芽，并且迅速地成长。

其实，人性中存在这样的弱点：人更容易喜欢跟自己相似的人。原因很简单，每个人都有自重感，认为自己很好、很重要，遇到与自己性格、兴趣、爱好、追求相同的人自然就会产生好感。同时，与兴趣相投的人说话，人们更容易得到自我正确的安慰感和满足感，心情更加愉悦和兴奋。

这些就是爱慕产生的基础。

那么，如何制造一见如故的感觉呢？

如果是事先安排好的见面，我们应该做好事前准备，打造好个人形象，了解对方的职业、性格、爱好等。如果是偶遇，应该善于察言观色，然后迅速做出判断，选择与对方相关或是对方感兴趣的事情为话题。

交谈时，我们要营造出共鸣的气氛，不仅仅在话题上，更要在思想和心理上达成共鸣。比如，在某个问题上，彼此的观点类似；或是在事业上，彼此有着相同的追求。这些都容易产生感情共鸣。

同时，想要一见如故，我们还需要让彼此不再陌生，消除两人的戒备心理、排斥心理。这时候，可以坦诚说出自己的感受:"我比较害羞,不知道怎么找话题……"对方反而会无拘无束。

我们还可以学会使用赞美、幽默等说话技巧,让气氛变得轻松起来,让对方觉得我们的话语有趣而喜笑颜开。

简言之,对于初见的男女,一见钟情是最美好的爱情,也是最浪漫的事情。不过,除了来电和激情,愉悦、欣赏、志趣相投也是爱情产生的基础。因此,如果我们遇见有好感或喜欢的人,不妨多制造一见如故的感觉。

气氛营造高手的语言艺术

有人说过:与人交流,除了词汇之外,最重要的就是趣味!

这句话非常有道理,尤其适合异性间的初次见面。大多数时候,初见的两人是矜持、紧张的,尤其是女性面对陌生男性时,如果男性漫无边际地尬聊,或只是抛出一些问题,如"你是哪里人""你喜欢什么""你做什么工作"之类的话语,谈话就会陷入尴尬或冷场,女性也不会对男性产生良好的印象。

可是这个时候,我们能幽默一些,说些有趣的话,对方的所有情绪则可能被轻松调动起来——情绪热了,气氛自然就热了。对于不熟的人来说,气氛最重要,轻松愉快时,人们会不由自主地打开心扉,对对方产生好感。

其实,无论男性还是女性,都希望坐在自己对面的是个幽默风趣的人,说出的话可以让自己开怀一笑。一个人很容易被另一个人幽默的话语和风趣的谈吐吸引,然后深深地就爱上他/她。

爱情是美好的、浪漫的,年轻男女追求的就是这种浪漫的感觉以及与众不同的情趣。"我喜欢你",这一句表白虽然真诚,但并不动听,换用幽默的话语就大不一样了。

魏佳佳喜欢上大四校友李松就是因为被他的幽默所吸引。自从和李松恋爱后,她的生活变得丰富多彩,整天充满了欢笑。

追求魏佳佳的男孩不在少数,李松不算最优秀的,长得也不是很帅气。很多朋友不理解,问她为什么会选择李松作为男友:"他到底哪里好,竟然让你如此喜欢?"

魏佳佳笑着说:"好看的皮囊千篇一律,有趣的灵魂万里挑一。李松是一个幽默风趣的人,和他在一起的每一天都非常有趣和精彩!"

确实如此,李松说话很幽默。

如何让你爱的人也爱上你

当初李松追求魏佳佳时,恰好有一位竞争者在场,讽刺地说他不自量力,说他是癞蛤蟆想吃天鹅肉。换作其他人,不是气愤地争论,就是羞愧地离开。可是,李松却笑着说:"没错,佳佳是美丽的天鹅,但我可不是癞蛤蟆,最起码我也是一只青蛙吧!"

听了这话,魏佳佳扑哧一声笑出来,对李松有了比较好的印象——在她看来,李松的情商很高,只用一句幽默的话就化解了三人的尴尬,还直白地赞美了她。

魏佳佳也是个有趣的人,自然更喜欢有趣的李松。接下来,李松就像开心果一样,总能给魏佳佳带来快乐和惊喜。所以,两个人走到一起就成为顺理成章的事情。

在两人的相处过程中,魏佳佳让李松说她的缺点,李松会幽默地说:"你最大的缺点就是眼神不太好,喜欢上了我!"让李松说他自己的缺点,李松则会说:"我最大的缺点就是脸皮太厚,明知道自己是个不完美的人,却不顾一切地爱上你!"

两人偶尔发生矛盾的时候,李松也会通过轻松的方式来解决。李松有熬夜玩游戏的坏习惯,因为担心他的健康和学习,魏佳佳多次劝说他,可他依旧屡教不改。

一次,魏佳佳发现李松在写毕业论文前熬夜玩游戏后,她真的生气了,说道:"你真的是狗改不了吃屎!"

话音刚落,李松就假装生气地说:"你这样骂我怎么行,改成'你真的是狗熊改不了吃蜂蜜'就会好很多,因为你知道我不太喜欢吃蜂蜜,它实在太甜了!"听了这话,魏佳佳立即笑了起来,怒气也全消了。

谁都喜欢和幽默有趣的人在一起,因为这样的人真的是高情商,而且非常有感染力。所以,我们可以没有好看的皮囊,但不可以缺乏幽默感。

幽默可以营造良好的气氛,让初见的异性少一分陌生和尴尬,多一些轻松和自然。幽默可以让对方感觉到你的可爱、洒脱和变通,从内心产生好感。同时,幽默也可以让爱情变得生动有趣、曼妙多彩,两人的关系更亲密和谐。

所以，我们需要提高情商，锻炼说话技巧，平时多积累一些俏皮话、趣诗或是有趣的事。

平时沟通交流时，你要根据对方的性格来选择合适的方式，如果对方比较感性，容易被感染，可以说一些好玩、有趣的事情，也可自嘲一番；如果对方比较理性，就应该注意好分寸，不能说烂俗的笑话，也不能刻意搞笑。

需要注意的是，虽然幽默风趣的话语是拉近彼此关系、营造轻松愉快气氛的有效方式，但是幽默也最讲究分寸和界限。

尤其是在与女性初次见面时，你一定要把握好说话的分寸和尺度，不可过于浮夸和哗众取宠。比如，为了吸引对方的注意力，你说些没有营养的笑话，还一副自鸣得意的样子；不可说一些涉及女性外表、隐私类的玩笑；不可说话太过随意，还没有熟悉起来就一副油嘴滑舌的样子。

当然，我们要懂幽默，在对方说一些幽默风趣的话时能够给予恰当的回应，不求能够完美地接梗，但不能过分严肃和冷漠，更不能故意破人家的梗。比如，对方正说着一件有趣的事情，你却无趣地说："这很有趣吗？我不觉得好笑。"如此一来，接下来的谈话如何进行下去，又何谈给人留下好感呢？

所以，我们要努力成为有趣的人，多些幽默。它可能不会让我们成为"万人迷"，但最起码能够让我们轻松地活跃交谈气氛，给对方留下良好的第一印象。这个好的第一印象，已经决定我们与对方的未来走向——赢得好感，收获爱情。

你的表达很重要，他／她的反应更重要

人际关系中有一条重要的原则：先满足他人的要求，再进一步达到自己的要求。

事实上，与异性初见时，我们注重自我形象，说一些动听的话，展现语言或行为的个性化，就是为了满足他人的要求，博得对方的好感。

换句话说，无论是一见倾情还是一见如故，关键都在于对方的反应。你的话语或行为一开始就打动了对方，让对方怦然心动，然后才会有之后的钟情。否则，你犹如展屏的孔雀一般，没有游人只能自我欣赏了。

正因如此，与异性谈话时，你不能错误地认为只要把自己最好的一面展现出来，对方就一定心生好感，或是自己说的事情有趣，对方就一定心情愉悦。若是你只顾着自己说得

high，不观察对方的反应，不倾听对方的想法，很容易让对方产生被忽视、冷落的感觉，心生反感。

同时，你要说的事情，对方未必愿意听；你想进一步交谈，对方未必有这个兴致。若是不懂得察言观色，没有注意或看不出对方的微动作、微表情，就会把第一次见面变成最后一次。

齐嘉今年已经30岁了，在感情上比较失意，亲朋好友给他介绍过很多次相亲，都以失败告终。于是，每逢过年过节，他都害怕回家，因为家人少不了追问他的感情去向，然后就是一连串的催婚。

齐嘉表面上说不着急，说需要遇到合适的人才能有进一步的发展，但是心里却着急苦恼得不得了。

今年春节回家期间，齐嘉又被亲戚安排了一场相亲，结果还是不理想。为此，他只能找发小大良吐苦水："我感觉这次相亲又告吹了，因为临别时我索要对方的联系方式，对方委婉地拒绝了。"

大良问："为什么呀？"

齐嘉无奈地说："我要是知道为什么，就不会找你吐苦水了！在当时，我感觉我们谈得很不错，也没有尴尬的事情发生。"

接着，齐嘉说了一些相亲细节。还没等他说完，大良就苦笑着说："你这哪里叫谈得不错，只是你自己说得很 high 罢了，怪不得人家对你印象不好。"

事情是这样的：两人刚见面时，彼此的印象还算不错，齐嘉表现得言谈行为得体，女方也客气有礼。没过多久，齐嘉就开始侃侃而谈，说自己的工作如何辛苦、公司老板不体谅下属的努力，又谈到有时间两人可以一起去看一部不错的电影……

一开始，女方还看似专注地听着，后来干脆就不时地看看手机、看看窗外了。这时候，齐嘉依旧没有认识到自己的错误，在接下来的谈话中，不断地说出"我感觉……""我认为……""我那天……"他继续着自己的话题，完全不考虑女方是否愿意听、感兴趣，没有看到女方的脸色变得越来越难看。

或许齐嘉只是为了调节气氛，避免两人冷场，或许他对女方的印象不错，所以才用力表现自己。但是在两人的交流中，他只顾自己说，并且只说自己，真的让女方很难接受。

更关键的是，齐嘉似乎自我感觉非常良好，并未意识到自己的言行已经引起女方的不快，甚至还认为两人"相谈甚欢"。

看到齐嘉皱着眉、一副迷惑不解的样子，大良说："无论与什么人交谈，交谈的目的是什么，我们都需要明白：交谈是一个互动的过程，你来我往，聊自己、聊对方才能让彼此都畅所欲言。关注对方的反应，根据它来表达自己，选择说话的方式，才能让对方心情愉悦，继而产生好感。"

"心理学上有一个晕轮效应，是说在人际关系中，可能会因为一个人身上某一方面的特征，人们片面地对其产生好的或坏的印象，这一点在面对陌生人时表现得更为显著。所以，初次见面时的一言一行，都可能成为别人眼中的'晕轮'。你的侃侃而谈，或许是为了活跃气氛，或许是让自己表现得热情些，但是在对方眼里这就是以自我为中心，不顾及别人的感受，或是太过张扬、哗众取宠。"

齐嘉才明白过来，不是女人的心思太难猜，而是自己缺乏正确的思维和心态——只看重自己的表达，忽视了对方的反应。

那么，面对这种情况，我们应该怎么做呢？

其实很简单，首先要学会聆听，试着让对方聊自己喜欢、感兴趣的事情，或是她生活和工作中的一些事情。为了让话题进行得自然轻松，我们可以先开头，然后抛出"你觉得……""你的看法是……""说完了我的事情,你也可以谈谈自己的故事……"当我们不断地把话题丢给对方,让对方畅所欲言时,对方就容易在心里喜欢上我们了。

同时,我们需要学会察言观色——留心观察谈论某个话题时,对方的反应是积极的还是消极的。如果是积极的,可以继续谈论下去;如果是消极的,就需要就此打住并转换新的话题。

一个人真实的想法、态度,都可以从其表情、身体语言中看出来。比如,对方的身体前倾,跟我们有眼神的交流,说明他对我们的话题感兴趣;对方的身体向后倾,双手抱胸,眼神不集中,说明他对我们的话题不感兴趣;对方只是"嗯""是的"敷衍回答,一只脚偏向别处,说明他急于结束谈话,想要马上离开。

我们还需要认真倾听，读懂对方话里的暗示。与陌生人初次见面，很多人不愿意直接表露自己的真实意愿，往往用一些委婉或暗示来传递拒绝或接受的信息。如果我们听不懂这个暗示，就很可能错过好的爱情，或是招人厌而不自知。

比如，邀请初次见面的异性："一会儿我们去看电影，可以吧？"

对方可能给出两种夹杂不同暗示的回答："现在晚上8点多了，太晚了吧？""现在晚上8点多了，不晚吗？"

两种回答看似差不多，实际上却表达出对方截然相反的态度。

"太晚了吧"，暗示着拒绝，表达的信息是：时间太晚了，还是不去了；"不晚吗"，暗示着接受邀请，表达的信息是：时间虽然有点儿晚，但是可以去。

总之，与异性初次见面，无论我们对对方是否有所了解，都应把对方看在眼里、放在心里，而不是只顾表达和表现自己。

满足对方的需求，让对方心情愉悦，才能用语言和行为打动他／她，进而让他／她为我们着迷。

第四章
"猎捕"计划,从共情开始

真正的爱情是情感的默契与心灵的相通,能让两人之间产生强大的吸引力,无论颜值、身份、财力如何,彼此相互吸引,魅力无穷;它让两人产生情感共鸣,无论欢乐与痛苦、轻松与烦恼,都能彼此理解、相通,甚至感同身受。

所以,共情是我们打开爱情之门的一把钥匙,也是我们捕获人心的最佳"武器"。

共情，拉近彼此距离的有效方式

两个人对世界的认知越一致，就越容易拉近彼此的距离。爱情是一个不断寻找共性、缩小差异的过程，即"共情"的过程。

有人认为，爱情中的两个人是独立的个体，不需要迎合对方，只要做好自己就足够了。这种想法是片面，因为独立和共情不是一对反义词。

当一个人为了爱情寻找与对方的共同话题、爱好、志趣时，这也是他独立做出的选择，丝毫不会影响他的独立人格。当一个人能够站在对方的立场或角度理解他/她的情绪、举动或思想的时候，便可以轻松地与对方建立亲密关系。

相反，一个为了独立而处处跟对方拧着来的人，一个凡事只考虑自己几乎不考虑对方情绪和想法的人，恐怕只能成为单独的个体，永远无法收获美好的爱情。

我们经常用"琴瑟和谐"这个词来形容美好的爱情，就是说，爱情中的两个人就应该像琴和瑟一样，虽然是两种不同的乐器，各有各的特点、各有各的音色，但既然选择合奏一曲，就必须兼顾对方的特点，只有如此才能合奏出美妙的乐曲。相反，如果各弹各的琴、各奏各的曲，只会产生让人觉得聒噪的噪音。

琴瑟和谐的爱情典范，恐怕要数张伯驹和潘素两人的爱情了。

张伯驹是著名的收藏家，也是一位京剧爱好者。一次演出中，他结识了潘素。潘素的琵琶弹得非常好，正好可以给张伯驹伴奏。而且，她在收藏方面也有一定的研究，跟张伯驹也很聊得来。很快，两人就因为志趣相投产生好感，走到了一起。

张伯驹和潘素都出身名门。张伯驹的父亲是清朝最后一位直隶总督，清朝灭亡后，他的家族开始兴办银行，是当时著名的银行世家。潘素的家庭也不一般，祖上是清朝著名宰相潘世恩，她是正儿八经的名门之后。

这样两个大家族的后代联姻，夫妻两个本来应该很有钱才是，但由于张伯驹喜欢收藏文物，家里的钱财都用来购买文物，所以二人结婚之后，日子过得并不算特别富裕。

要是放在一般的富家小姐身上，过惯了金尊玉贵的生活，怎么可能习惯朴素清冷的生活呢？但潘素却对这样的生活安之若素、甘之如饴，因为她本来就是个收藏爱好者，嫁给张伯驹之后，对收藏有了更深的了解。所以，他们的生活虽然苦了一些，但是两个人仍全心投入收藏事业，其乐无穷，就算真的苦也不觉得苦了。

1941年的一天，张伯驹接到一个电话，说是有朋友来上海让他去迎接。第二天，张伯驹一大早就出了门，但很久也没有回来。潘素心急如焚之下，她得知了丈夫的下落——被绑架了。

绑匪给潘素传话：要不拿高额赎金来赎人，要不就用张伯驹收藏的文物来换人。

潘素知道，这帮劫匪的真实目的是想要勒索张伯驹收藏的文物。她虽然很担心张伯驹的安危，但是也知道，丈夫把藏品看得比生命更重要，他绝不愿意国宝落到歹人手中。所以，她提出用钱赎人，可当时她手上没有多少现金，需要一些时间筹措。

绑匪见潘素无论如何都不愿意交出文物，便去威胁张伯驹。未承想，张伯驹确实如潘素所说，即便丢了性命，也不愿意把文物交给绑匪。绑匪逼他太甚，他便以绝食表明自己的心志。

绑匪知道，想从张伯驹夫妻手中勒索文物是不大可能的事情，只好退而求其次——收取到巨额赎金，于8个月之后放了张伯驹。

经过这场风波,张伯驹和潘素都觉得上海不是久留之地,便移居到北平。新中国成立后,张伯驹当上国家文物局文物鉴定委员会委员。1956年,张伯驹做出一个惊人的决定——将陆机的《平复帖》、杜牧的《张好好诗》、范仲淹的《道服赞》等八幅国宝级的文物捐给国家。当时,他将自己的想法告诉潘素,潘素毫不犹豫地同意了。

此后,张伯驹多次将文物捐给国家。虽然这些文物是夫妻二人耗尽一生的财富和精力得来的,但是潘素很支持丈夫的决定。或许,在她的眼中,只要能和丈夫长相厮守便知足了,其他东西都不是那么重要。

张伯驹和潘素之所以能够终生厮守,成为令人羡慕的神仙伴侣,很大一个原因是,他们有共同的志趣,能够心意相通。心意相通则决定两人在一生中都能彼此理解,知晓对方的心意,体会对方的感受。这看似不难,实际上并不是每对夫妻都能做到的。

相爱时,每个人都愿意付出真心和热情,付出自己的一切。可相处时,他们通常会按照自己的思维、想法、经验去思考,甚至轻易就以己度人,造成不必要的猜疑、不解、误会与矛盾。

举个例子,女友就工作问题向男友抱怨。男友不安慰和劝解,反而认为女友矫情:"哪有工作不辛苦的,坚持一下就好了。"相信听了这样的话,女友肯定怒火中烧,与男友大吵一番。

若是男友能感受到女友的情绪,站在她的角度思考问题,说上一句:"是的,你这个工作很辛苦,你肯定很累、很委屈吧?说来我听听,看看能否帮到你。"男友这样说,效果肯定大不一样。

人是一种情感非常丰富的动物,不可能时时刻刻都对别人的想法、感受或情绪产生共鸣。不过,我们一定要学会共情的技巧,尊重对方的想法、情绪、感受,要做到理解和同情对方的经历。

甜蜜情话总有说完的一天，浪漫往事也有褪色的时候。两个人相处久了，若是志趣不投，总有相对无言的一天；若是不能共情，爱情也不会长存不衰。

所以，恋爱中的两人，无论到什么时候都应该不断学习和提升共情技巧，告诉对方："我能感受到你的心情！""我理解你的感受！""我懂你的想法！""我理解和支持你的想法！"如此，两人才会永远方向一致、有话可谈。

这便是共情的意义所在。

以退为进：会示弱的人才是感情上的强者

对于很多人来说，示弱似乎是一种天性。在其他人际关系中是如此，在爱情关系中更是如此。面对真正喜欢的人，该示弱就示弱，该退让就退让，然后赢得对方的欢心，这才是真正的聪明。

尤其在男性眼中，女性的示弱如撒娇、落泪是让爱情升温的小情趣，体现女性可爱、娇柔的一面。所以，只要女性能看清场合和时机，适当地在爱人面前示弱，自然可以收获甜蜜和幸福，漫步在爱情的画廊。

情人节那天，两对情侣同时走进一家餐厅。

这是一家非常适合情侣聚会的餐厅，虽然正值节日，但人数不多，一方面是因为餐厅的桌间距足够大，另一方面也是因为菜品价格足够"劝退"很多人。

两对刚刚进入餐厅的情侣明显从来没有在这里用过餐，因为他们一进门，就似乎被眼前富丽堂皇的装修给镇住了，眼神中表现出意外和惊讶之情。他们可能是在某些点评网站上得知了这家餐厅的消息，知道这里的氛围浪漫，环境优越，所以本着"过节了，不妨奢侈一回"的心态找到这里。

两对情侣分别落座，侍者给他们送上了菜单。

第一对情侣中的男孩打开菜单看了一眼，面色微微有些变化。然后，他动作僵硬地将菜单递给女孩，说："你看看爱吃什么就点什么。"事实上，他一看到菜单，就意识到自己来错了地方，因为菜单上每道菜的报价要比一般餐厅贵上不止五倍。比如，一道开胃小菜的价格，比一般餐厅的特色大菜还要贵上许多！

但是碍于面子，男孩只能把菜单推给女孩，让她来做决定。显然，男孩的举动让女孩不满，她接过菜单，说道："这里的菜不就是贵一些吗？你有必要这样不高兴吗？难道过情人节，我们就不能吃些好的东西，享受一下浪漫的气氛？"

这些话让男孩很没面子，脸一下子红了起来。他马上压低声音说："我不是让你点自己喜欢吃的吗？"女孩依旧满脸不高兴："你就是太抠门了，既然来了，为什么不高兴地享受晚餐呢？"

男孩当然知道这一点，可是女孩竟然在公众场合怼自己，他的颜面彻底挂不住，之后说了句："是的，我就是没见过世面，行了吧！"然后头也不回地离开了。

女孩则是一脸委屈地流下眼泪，一个人伤心地离开餐厅。

另一对情侣的情况和他们差不多。男孩一看菜单就倒吸一口凉气，脸上明显表现出有点儿意外，但还是把菜单递给了女孩，说："我知道这家餐厅肯定不便宜，但是没想到这么贵。不过既然都来了，我们就浪漫一下吧！"

女孩看了看菜单，然后说："这里菜的价格确实太贵了，要不我们去吃小龙虾吧。我好久没有吃小龙虾了，还有点馋呢！"

男孩说："你不是很想来这里吃饭，享受一下浪漫吗？"

女孩摇摇头，羞涩地说："我没有想到菜品这么贵呀，一看见这些菜的价格，我都被吓到了。"

男孩想了想，温柔地说："没关系，我们可以少点一些菜品。今天是情人节，我不能让你受委屈！"

女孩听了这些话,满脸幸福地说:"你真好,我好爱你哦!明天开始,我陪你吃一个月的泡面!"

说完,两个人一人点了一道菜,幸福地享受着晚餐。

两对情侣,谁能走到最后?大概率是后者。因为爱情有一个定律,即两强则弱、两弱则强。

两个太强势的人,在爱情关系中总会隔着一层东西即面子,所以彼此很难在爱情中看到真实的对方。而且,两个要强也要面子的人凑到一起,难免会有磕磕碰碰,遇事容易发生冲突、不愿妥协,结果就是"刚极易折"。

然而,在爱情里,示弱一点又有什么关系呢?更何况,懂得示弱的人,更容易坦率地把现实或内心的困境袒露给对方,理解和包容对方。这不是坏事,反而是一件好事。恋人之间虽然不是说要完全没有"你我",但毫无疑问,"你我"的界限越模糊,两个人越容易相亲相爱。

正因为这样,无论是男性还是女性,示弱都不是坏事。日常相处时,女人适当地撒娇和示弱,让对方感受到小女人的温暖和娇柔,如此一来更能激起对方的保护欲,让对方多一些怜惜和疼爱;两人发生冲突或矛盾时,女人适当地撒娇,或是落个眼泪,对方的火气瞬间就会被熄灭,甚至"唯命是从"。

可以说，撒娇和示弱是女人的秘密武器，既能收获爱人的疼爱，又能掌握感情的主动权。尤其是平日里强势、严肃的女性，若是适当地撒个娇，让自己显露出温柔的一面，也会让自己显得更加迷人，瞬间征服对方的心。

不知道大家是否看过这样一个故事：一次，英国女王开完会议回到家，丈夫已经休息，并且锁住了房门。女王敲了敲门，丈夫问道："谁呀？"女王傲慢地说："女王。"此时，房门里面没有任何动静。

女王继续敲门，丈夫又问："谁呀？"女王的态度缓和了一些，回道："维多利亚。"房门里面依旧没有动静。

女王好像突然想到了什么，继续敲门，然后柔声细语地说："我是你的妻子。"这下房门马上就开了，丈夫还给了她一个大大的拥抱。

女王与丈夫的故事可能是杜撰的,但是道出了爱情中两人的相处之道——爱情里,学会并善于示弱才能收获更多的美好。恰如张爱玲所说:"善于低头的女人是厉害的女人,越是强悍的女人,示弱的威力越大。"当然,这句话不仅适用于女性,也适用于男性。

恋爱过程中,与过于强势、喜欢针锋相对的人相处久了,恐怕谁都会感到压抑。温柔似水、懂得示弱的人,会在该服软时服软,该撒娇时撒娇,能够让对方的虚荣心得到最大的满足,彼此的关系也会更为亲密。

所以,在爱情中,我们要懂得示弱,这是在给对方一个台阶,更是展现自己对对方的爱。退让也好,服软也罢,温柔也好,撒娇也罢,会示弱的人才是爱情里最大的赢家,才能收获更多的甜蜜。

理解过去,才能把握现在

爱情中,你与爱人产生共情,不是因为你理解了现在的他/她,而是你理解了曾经的那个他/她。

正如心理学家所说:"人的行为,不是被眼下的感觉所控制,而是被曾经的过往所左右。"

有时候,我们会感觉自己很难理解爱人的言行,总是以就事论事的方式理解当下发生的一切。事实上,眼前的事可能会勾起爱人关于往事的回忆,当时的情愫也会一并涌上心头。所以,他/她内心想到的、感受到的,要远比我们想象中的更加复杂。

刘先生和王女士在一起已有三四个年头,他们即将步入婚姻的殿堂。

和所有相爱的人一样,他们经历过朦胧的暧昧、甜蜜的初恋和激情四射的热恋,只不过两个人在一起的时间长了,逐渐发现两人的关系出现一些问题——经常因为一件小事大吵大闹。吵到最后,两个人都不愿意妥协,心里憋着一口气各自睡觉。

第二天早上起来,他们回想昨天的矛盾冲突,只知道非常生气,但究竟是什么问题引起了矛盾,自己为什么那么生气,却怎么也想不起来。

这段感情中,因为天长日久,他们既对彼此产生了深深的依赖,也出现了一些隔阂,但两人都未曾萌生分手的想法,只是觉得现在发生的状况成为各自的负担。

一天，刘先生忍不住了，他觉得自己和王女士之间的感情需要好好梳理一下，于是定了一家餐厅，请王女士"赴约"。

王女士到了之后，第一句话就是："有什么事儿不能在家里说，还非得来这个地方花钱？"

刘先生说："因为我想进行一次非常严肃的对话，咱们能不能抛开情绪的影响，冷静地分析一下咱们感情中出现的一些问题。"

王女士这才知道刘先生的用意，她坐下来，说："好吧，我也觉得咱们应该好好谈谈了。"

刘先生说道："你现在的脾气不知道为什么大得很……"

王女士冷笑一声，说道："我的脾气大，好像你的脾气很小似的……"

刘先生赶紧说："我说错话了，是咱们两人最近的脾气都不小，经常为一些小事吵来吵去。"

王女士说："什么小事？你觉得是小事，但我觉得就是大事。"

刘先生说："就拿前几天买包那件事情来说，我知道你不太喜欢那款包，因为自打买回来，你连一次都没有背过，所以我就说不如把那个包送给我妹妹，然后再给你买一个。我觉得这个方案很不错，你既可以得到一个更喜欢的包，我也送给了妹妹一个生日礼物,这不是很好的事情吗?你为什么要大发雷霆呢?"

王女士说:"难道我是因为一个包吗?你妹妹喜欢那个包,我再给她买一个都没问题。"

刘先生问:"那是因为什么呢?"

王女士说:"因为你支配了我的东西!那个包,既然你已经送给了我,就是我的了,对不对?"

刘先生说:"当然,所以我是在和你商量。"

王女士说:"这次你是商量了,可是你记得吗?上次你妹妹来咱们家,说我的一个胸针很好看,你就直接说要送给她,对不对?"

刘先生说:"我也征求了你的意见啊!"

王女士说:"你先说送,然后才征求我的意见,这是不是本末倒置了?当时那种情况,我的意见还重要吗?"

聊到这儿,刘先生突然意识到,原来包的问题不单单是包的问题,胸针的问题也不单单是胸针的问题,而是支配权的问题。

想通这件事情之后,刘先生领悟到一个真理——所有的事情都不是独立发生的,自己之所以觉得有些事情很反常,是因为他把事情想简单了,没有意识到事情之间的联系。照着这个思路，他认真回想最近几次吵架的引爆点，很快找到了真正的原因。

王女士见刘先生沉默不语，问："你在想什么呢？"

刘先生赶紧说："我在想，其实你之所以生气，不是因为一件小事，而是许多件让你不爽的小事累积到一起，最终在一件事上爆发了。"

王女士感到欣慰，说："你终于明白了！"

刘先生说："以后你但凡不高兴了，可以马上对我说。我有则改之，无则加勉，咱们不能在生活中积累怨气，那样的话，日子也不好过……"

刘先生和王女士的经历，估计很多情侣都遇到过。这类事情背后有一个共同的原因，就是我们把注意力只放到当前

的人、当前的事上，是对人和事的片面认识。但是在爱情中，想要真正地与爱人共情，不仅要了解现在的他，也要知道曾经的他有过怎样的经历和情绪。

有些人喜欢说："我只在乎他/她的现在，不在乎他/她的曾经。"这句话有些道理，但是我们要知道，你可以不在乎他的曾经，但不能对他的曾经完全不了解。因为你不了解过去的事情，就很难理解现在发生的事情；你不知道他过去的经历，就很难理解他现在的反应。

所以，真正地与爱人共情，是与他的整个人生共情。你对爱人了解得越多，就越容易走进他的内心，站在他的角度思考问题。

赞美，总是那么撩拨人心

人们总是调侃说："爱情是有保质期的！"一切美好的恋情，仿佛时间一长，便开始褪色、消失。明明还是那个人，爱情却慢慢地变质，这究竟是为什么呢？难道爱情真的抵不过时间吗？

其实，冷静想一想，导致爱情变质的从来不是时间，而是当事人。

初见倾心时，两人都欣赏和心仪对方，自然少不了甜蜜的夸奖，以获取对方的欢心。

热恋期间，彼此的眼里只有对方，热情和亲密无处不在，赞美和情话比任何话语都动听——就算一方只是换了新发型，另一方都满心欢喜地赞美："宝贝，你是最美丽的！"就算一方只是送给对方一个小礼物，另一方也会惊喜万分地欢呼："亲爱的，你对我真好！"

可是时间长了，或许因为心态转变，或许因为爱情不再那么浓烈，两人的言语表达开始发生变化——赞美少了，夸奖没了，眼中的彼此不再那么完美，开始充满不满与指责，爱情不再甜蜜和热烈。

事实上，无论男性还是女性都喜欢被赞美和夸奖，那些直白或含蓄的赞美，无不让人听着欢喜、沉醉。一个人可能不会因为另一个人的赞美而爱上他/她，但是两个人的爱情却可以因为赞美变得更加美妙和长久。

虽然说赞美是形而上的东西，但却是每个人的必修课。就像维生素对于人的身体一样，有了它，爱情就会变得美妙而撩人。若是缺少了，爱情就会营养不良，甚至慢慢枯萎。

在朋友眼里，大维简直就是人生赢家。他有一份不错的事业，还抱得了美人归，真的是事业与爱情双丰收！

大维的女友梅子是典型的白富美，不仅人长得漂亮，为人大方体贴，而且非常爱大维。每次谈起大维，朋友们无不羡慕嫉妒。不少朋友调侃说想知道大维的"捕猎计划"，讲述下自己是如何让女友深爱着，让他传授下追爱秘诀。

大维也不做作，坦诚地说："其实很简单。每个人都非常自恋，只要我们善于赞美和夸奖，对方就会把那份'恋'转移到我们身上。"

平日里，梅子不善做饭。偶然一个机会，她心血来潮要给大维做牛排和色拉。做好之后，她不好意思地说："这是我第一次做牛排，不知道味道会怎样？"大维笑着说："那得等我尝过后才知道呀！"说着，他拿起刀叉品尝起来。

看着梅子期待的眼神，大维给出"认真"的评价："嗯，虽然肉质有些老，不过酱汁调得很不错，好像我们之前在那家西餐店吃到的味道。"要知道，那家西餐厅的牛排口味非常不错，是大维和梅子最爱去的一家，这句话说出来就是变相在赞美和夸奖！

听了这话，梅子的脸上立即笑开了花，说："哪有你说的那么夸张。"

很多时候，大维会耍一些小心机，比如故意出一些小错，把洗好的衣服弄乱些，找不到喜爱的书籍，然后让梅子帮助整理和寻找。每当梅子帮忙之后,大维都会主动给她捏肩捶背,还不忘在耳边夸赞:"亲爱的,你真的是太能干了!要是没有你,我的生活肯定会乱糟糟!"

有时,大维还会直接赞美梅子,看到她穿新衣服或涂新口红,总是不遗余力地夸奖:"这件衣服真的很适合你!""你今天又漂亮了!""你这么美丽,让我怎么不爱你!"大维几句话就将梅子夸得心情愉悦,整个人都飘飘然。

正因为大维总是能正向地赞美,所以两人的关系始终甜蜜如初,很少有矛盾和冲突。

谁都喜欢被肯定,因此当你得到别人的称赞时,往往会产生愉悦、兴奋等积极情绪,仿佛听了优美的音乐,品尝到美味的甜点。在这种情绪的影响下,你会下意识地表现得更好,期待更多的赞美。

就像大维和梅子那样,大维毫不吝啬地把赞美送给梅子,梅子也努力地让自己变得更好,更接近于被赞美的样子,还会产生这样的想法:大维很爱我,给予我积极的肯定,我要回报更多的爱,让他时刻感受我的爱。

可以说,赞美是男女实现共情的方式,是爱情里最撩人的情话。如果非要把赞美当成一门课程的话,我们首先应该发掘爱人身上的优点,尤其是那些不易察觉或是容易被忽视的优点，如男性身上的体贴、有责任感、做事认真、一手好厨艺等，女性身上的温柔、善解人意、心灵手巧等。

发现优点后，我们需要及时做出反馈，在恰当的时机把赞美说给他/她听，反复地赞美，坚持不懈地赞美。

很多时候，不是爱人没有优点，而是你把对方的付出当作理所应当，少了一份感恩和共情，所以把赞美变成了抱怨和不满。

就好像爱人给你做饭、洗衣，你看不到爱人的好，不赞美爱人的贤惠，反而批评饭菜太咸、衣服洗得不干净。这很容易让爱人产生失落情绪，时间长了，彼此之间的爱情也容易褪色。所以，在恋爱过程中，及时的反馈和赞美真的不可或缺。

直接赞美和含蓄赞美有相同的效果，所以，你既要善于直接赞美，也要掌握含蓄赞美的技巧。比如，可以在朋友面前赞美对方，满足对方的虚荣心，更重要的是让对方知道你是肯定和在意他/她的；还可以赞美对方的朋友、亲人，如说"你的家教真的很好，所以父母才教出你这样善解人意的女孩""上次碰到的你那个朋友好有趣呀"……

赞美可以适当夸张，但是不能过头。脱离现实的赞美，不仅无法赢得对方的心，反而适得其反引起对方的反感。比如，对方明明不擅长下厨，你却违心地称赞他/她做的菜好吃，这样会让对方以为是一种嘲讽。

爱情的美好，很大部分依赖于赞美。我们不要小看一句适中的赞美话语，它可能在你看来没有什么，但在对方看来，就是对他/她最大的肯定与鼓励。

因此，善于发现爱人的美，并且给予及时反馈！赞美多了，彼此的心情会愉悦起来，关系自然会持续升温。

理解痛苦比共享欢乐更重要

共情，除了感知对方的情绪、了解对方的兴趣爱好外，还有一个更重要的功能，就是理解对方的痛苦。

当然，痛苦也是一种情绪，只不过它与其他情绪有很大的不同——人们倾向于将欢乐情绪释放出来，却习惯于隐藏痛苦。所以，感知痛苦情绪，要比感知其他情绪更难。

两个相爱的人，总是希望在对方面前表现出积极乐观的一面，但实际上，生而为人，心里怎么会没有一点儿苦呢？众生皆苦，恐怕是这个世界上谁都逃离不掉的宿命。

你的爱人同样也有痛苦，若是在他痛苦时你不能给予及时、恰当的支持，可能便会对你们之间的爱情造成不可弥合的损害。所以，理解痛苦这件事情，重点在于理解，难点在于理解了对方的痛苦之后如何给予安慰和支持。

陈小乐和李明是一对恋人，两个人都来自小县城，毕业后留在大城市工作。

两个人刚参加工作不久，虽然收入尚可，但大城市的开销也比较多,面临的压力不小。所以,两人和别人合租了一套两居室,而且距离单位超过20千米,每天上下班要花费三个小时左右。

虽然生活比较辛苦,但是两个人相互依靠,相濡以沫,生活还是挺有滋有味的。

两年后,由于陈小乐在公司表现得比较优异,被提升为项目组的副经理,收入也水涨船高。李明似乎总是差了那么一点儿运气,工作上始终没有得到好的机会,收入自然也在原地踏步。而且,公司高层传来消息——由于行业不景气,公司盈利状况堪忧,可能要裁掉一部分员工。

女友的工资是自己的两倍,自己还面临随时被裁员的危机,这让李明的内心发生了一些变化。他开始怀疑自己,也怀疑自己和陈小乐的感情状况,总是会想:我是不是配不上她了,她会不会嫌弃我。

作为男人,李明不可能把自己心里的不痛快讲给陈小乐听,这涉及自尊的问题,所以他一直把苦闷憋在心里。

一次朋友聚会结束后,李明喝了不少酒,情绪有点儿失控。但是作为一个成年男人,即便是在情绪崩溃的边缘,李明依然在伪装自己。只见他醉醺醺地蹲在无人的街角,别人怎么劝都不起来,嘴里一直念叨着:"我就是一根草,一根没用的野草,你们都别管我。"

朋友们实在"制服"不了他,只好给陈小乐打电话。

陈小乐到场后,看着李明的离奇举动,她知道这不是他在恶作剧,而是一种宣泄,是内心情绪积累到一定程度后的突然爆发。她对朋友说:"你们先走吧,我们待会儿就回家了。"

那朋友将信将疑,说:"我们走了,你自己能行吗?"

陈小乐说:"放心吧,肯定行,你们不用太担心。"

李明的朋友走后,陈小乐也蹲在李明旁边,一动不动,一言不发。李明转过头看见了陈小乐,问:"你蹲在这儿干什么?"

陈小乐反问:"你蹲在这儿干什么呢?"

李明说:"我是一棵草,只配在角落里自生自灭!"

陈小乐笑嘻嘻地说:"我也是一棵草,跟着你生生不息。"

李明看着陈小乐,眼神复杂,问:"你这棵草准备到哪里去呢?"

陈小乐说:"你在哪,我就在哪。不过,我更希望咱们能赶紧回家,因为我有点儿冷了。"

李明站起身来,搂着陈小乐一起回家去了……

这个故事里,陈小乐掌握了帮助对方解决痛苦的最好方式——接纳对方的痛苦,与对方一起感受。正因如此,两人的感情历经考验,他们的爱情才能长久、美好。

人们常说:"这个世界上没有真正的感同身受。"确实如此,你不是我,我不是你,即便真心相爱恐怕也很难做到感同身受。但是,你可以做到设身处地,给予对方足够的理解、安慰和支持,甚至是默默陪伴。

我们需要学会聆听,扮演好聆听者的角色。当爱人因为工作、家庭等陷入困境之时,你可以陪伴左右,聆听他的苦恼、理解他的悲伤,给予他安慰和拥抱。

我们要学会站在爱人的角度思考问题,这是所有和谐感情的基础。

很多时候,两个人从相知到相恋,就是一个对自己越来越"模糊"、对方越来越"清晰"的过程。自己模糊,是因为在相处中放下对自我固有认知的执念;对方清晰,是因为随着交往的深入，对于对方的情绪、心态有了更加明晰的认识。

我们要努力做到共情，感知对方所感知的。

事实上，男女之间对于某些事情的感知是不同的，可能有些事情在你看来无足轻重、无须挂怀，但是放到对方身上却是泰山压顶、不可承受。所以，恋爱中的男女要想做到共情，就要对对方的情绪浓度有足够清晰的认识，能够感同身受。

还要记住特别重要的一点，是你能提供帮助。仅仅了解了对方的苦痛是不够的，一定要能以适当的办法帮助对方化解痛苦。至于如何帮助对方走出内心的痛楚，需要你对对方有充分的了解，知道他痛苦的原因才能对症下药。

现实生活中有些"不太聪明"的人，感受到对方的痛苦后会这样安慰："不要着急，多大点事儿啊，值得吗？"抑或说："我告诉你，这件事情你得这样做：第一……第二……第三……"事实上，这些做法的效果极其有限，很多时候非但不能帮助对方解除痛苦，还很有可能引起双方的争吵。

真正能够让对方情绪平复下来的方法，就是认真体会对方的感受，理解对方的行为。毕竟在爱情中，最美妙的事情就是——"我的不容易，你能共情""你的痛苦，我能感受和理解"。

共情是爱情持久的秘密,也是个人进步的台阶

最高级的共情,不是去挖掘自己与对方的共同点,而是努力变成他/她期望的那个人。

每个人的心里都有一个"虚拟爱人",这个爱人拥有他对理想另一半的全部期望。而且,一个人越是与这个虚拟爱人相像,就越容易赢得他的心。所以,很多时候,我们与其迎合他本人,不如去迎合他的虚拟爱人。

邵元冲,浙江人,满清时期当过秀才,民国时考入浙江高等学堂,毕业后在上海《民国新闻》担任总编辑。他的前半生,扮演的都是文人的角色。

在上海,邵元冲结识了一个叫张默君的女子。张默君是当时中国妇女界的名人,是国学大师张伯纯的女儿,出版了几本诗集,也是一位小有名气的书法家。另外,张默君还是一个革命家,参加过辛亥革命。

邵元冲深深爱上了张默君,两人相识后不久,他便向张默君表明心意。谁承想,张默君断然拒绝了邵元冲,说:"我

非将军不嫁。"

要是一般人听到这句话也就知难而退了,但是邵元冲不服气,心想:"好,既然你非将军不嫁,我就去当将军。"从此以后,他投笔从戎,投奔到孙中山得力干将居正的手下,最终当上东北军警备司令,成为一名真正的将军。

当上将军的邵元冲兴冲冲地去找张默君,以为这下可以赢得美人心了。但是多年过去,张默君的择夫标准又发生了变化,说:"我现在非留学生不嫁!"

邵元冲有点儿生气,心想:"这不是逗傻小子玩呢?"但生气归生气,他依然爱着张默君,所以为了成为张默君心目中的那个人,他又着手筹办留学的事情。

1919年,邵元冲远渡重洋去往美国威斯康星州,开始在那里读大学。

五年之后,邵元冲回到中国。此时,距离邵元冲与张默君初识已有12个年头。这期间,邵元冲先是投笔从戎去当将军,又远渡重洋去留学,虽然全都是为了张默君,但实际上,他也从中获得了极大进步,从一个手无缚鸡之力的书生变成文武双全的出色人物。

邵元冲回国之后,并没有第一时间去找张默君,或许是因为他害怕张默君又有了新标准。他把自己在大学时所写的《美国劳工状况》一书寄给张默君,以此来告诉她:"我留

如何让你爱的人也爱上你

学回来了!"

张默君收到邵元冲寄来的书之后,非常震惊。事实上,她当年没有觉得邵元冲是自己理想中的伴侣,说"非将军不嫁""非留学生不嫁"只不过是拒绝邵元冲的托词。但是她万万没想到,自己给邵元冲设立的高标准,他竟然全部都实现了。她终于意识到,邵元冲不仅是那个对自己痴情的人,也是一个能作为、有能力的人杰,这样的人,值得托付终身!

最终,张默君给邵元冲回了一封信,信中说:放眼苍茫万劫余,八年得一故人书;天荒地老伤心语,忍死须臾傥为予。这首小诗的意思只有一个,就是她已经接受了邵元冲的爱。

邵元冲收到信之后,欣喜若狂,12年的付出总算有了回报。不久,两人在上海举行婚礼,终于修成正果。

人们常说,爱情可以塑造一个人,让你变成更好的那个人。这是因为,即便是相恋的两个人,也可能并非彼此心目中最理想的那个人。所以,我们需要不断提高自己,符合对方对虚拟爱人的要求,这样的爱情关系才能更牢靠、和谐。

再是,对方做出积极改变的同时,我们也走上了一条努力提高自己的能力之路。所以,虽然我们可能永远无法成为他人心目中那个十全十美的虚拟爱人,但是因为爱情,会变成更好的那个人,变得愈加强大。

喜欢花草的人知道,想让花草长得好并开出鲜艳的花朵,离不开细心地浇灌。人也是如此。想要让自己更具吸引力,就要不断提升自己,对自己"充值"。这个提升不仅有知识、能力上的,更有思想、心态上的。

恰如我们之前所说,相差悬殊的两人几乎很难产生爱情,更难收获美好的爱情。这时候,不停提升自己,让自己的能力、经济基础、心理状态、思想以及三观都发生改变并得到发展,符合对方对虚拟爱人的预期,结果自然不会太差。

当然,这里说的迎合,是不断完善和提升自己的综合能力,并非放弃自己的原则,失去个性、自尊甚至人格。

很多时候,一些人尤其是女性爱上他人后,会完全为爱情而活——对方喜欢温柔、善解人意的人，她便改掉开朗、爽直的个性，试图让自己更温柔；对方不喜欢女性抛头露面，认为女性就应该做个贤妻良母，她便辞掉工作，一心一意在家相夫教子。在这些人看来，我爱他，就应该迎合他的喜好，考虑他的感受，否则何谈真正的爱呢？

事实上，这看似是一种共情，实际上却是自我的迷失。若是真的这样，不仅无法赢得爱情，恐怕还会失去幸福的权利。

所以，我们要努力让自己变得更好，与对方的期盼相契合，但前提是必须做好自己，成为最好的自己，而不是完全失去个人的主张和想法，按照对方的想法塑造自己，活成对方想要的样子。

否则，那个和他／她恋爱的人还是你吗？这样的爱情，是你真正想要的爱情吗？

第五章
语言决定方向：向左走还是向右走

语言是一种强而有力的工具，能决定爱情是向左走还是向右走，是进一步还是退一步。恋爱前的暧昧，靠语言来掌控；恋爱中的甜蜜，靠语言来营造；恋爱后的结果，也是靠语言来主导。因此，我们要读懂爱的语言，更要提高对于语言的掌控力。

语言掌控，进可攻、退可守

男女之间有一种关系叫作暧昧。这种关系不是爱情，也不是友情，进可攻，退可守——进一步是爱情，退一步则是友情，很是微妙。

对于不同的人，暧昧具有不同的意义。有些人厌恶暧昧，因为他们急于确定自己在对方心中的地位，急于让两人的关系有进一步的突破；有的人却享受暧昧，把它看作一种掌控爱情的手段，实现自己爱情利益的最大化。

芝芝向朋友哭诉说："我真的离暧昧很近，离爱情很远！我以为他那些频频暗投的关心，那些只有恋爱之人才会有的小举动，都是爱我的表现，没想到只是他搞暧昧的花招。他并不喜欢我，只是喜欢和人玩暧昧！"

芝芝很伤心，虽然看清了暧昧男友张盛的本质，却依旧怀着对他的不舍之情。

芝芝和张盛是大学校友，比他低三届，因为张盛曾是校园里的风云人物，所以芝芝对他是有些许印象的。

原本就是素未相识，即便现在知道对方是校友，在公司遇到后，芝芝也从未攀关系、打招呼。倒是张盛知道这个事情后，说要照顾这个小学妹，时常找机会接近她。之后，两人的联系多了起来，时不时谈谈学校生活、工作趣事，日常相处倒也其乐融融。

随着相处的增多，芝芝感觉张盛好像对自己有好感。比如，有时会特意到部门来找自己聊些不相干的工作事情，公司聚餐时会挨着自己坐下，还会特意送自己回家……

渐渐地，芝芝也喜欢上了张盛，因为每次和他相处时都非常愉快，不舍得说分离。两人的语言也开始暧昧，不言喜欢，却句句透露出喜欢。最起码芝芝是这样认为的，要不然谁会与朋友说这样的话语："你打扮得这么漂亮，是不是给我看的？""不和你说晚安，我就睡不着！""我以后找女朋友，一定找你这么善解人意的！"

芝芝不喜欢这样模糊的相处感觉，决定借着自己生日的机会主动打破这层暧昧关系。她说自己邀请了几个好友和要好的同事，但实际上只邀请了张盛一个人，然后告白说："我喜欢你，也知道你喜欢我，我们正式交往吧！"

谁知张盛沉默了好一会儿，说："一定是我之前的行为让你误会了，我真的很抱歉！我之所以对你好，是因为我们是校友,我只是把你当作小学妹……"

之后,张盛不再和芝芝接触,还故意躲避她。芝芝不明白,那些话、那些事不代表喜欢吗?难道朋友之间可以那么亲密且暧昧吗?

芝芝不想放弃,决定再为自己争取一下。可是她找他,他避而不见;她发信息、打电话,他置之不理,最后还把她拉黑。芝芝只好放弃了,接着向朋友哭诉自己失恋了。可是,她又何尝恋爱过呢?

暧昧是爱情发展的阶段之一。恋爱前的暧昧是美好、甜蜜的,可是暧昧和爱情之间有着清晰的界限,有时这个距离非常近,有时这个距离又特别远。当然,掌控它的是有话语权的一方。

喜欢暧昧的人,会有一些亲密的动作,说一些动听的花言巧语,但永远不会明确两人的关系。如果对方接受暧昧,他们就可以享受着这种零成本、低风险的情感游戏;一旦对方想要挑明关系,他们就装糊涂或直接退出。

就像和芝芝搞暧昧关系的张盛,做着貌似恋人才会做的事情,说着貌似恋爱之时才会说的话,让芝芝不可救药地爱上了他。可是,当芝芝要捅破这层窗户纸时,他却说是芝芝误会了自己的行为;当芝芝有进一步的行动时,他又撕掉虚伪的面目，完全翻脸不留情。

张盛从来只是在撩拨芝芝，享受着暧昧的游戏，满足自己对异性的猎奇之心。

事实上，现实生活中，很多人喜欢暧昧，他们想要享受爱情，却不愿意早早为了一个人而放弃整座森林，所以会通过这种方式打发空虚难熬的单身时光，甚至满足自己对于性的欲望。

对于他们来说，暧昧是最安全的，因为不论是靠近还是远离、进或者退都可以由自己掌控。所以，无论如何，他们是不会明确关系、给出承诺的，有时甚至故意忽远忽近，让对方琢磨不透。

因此，若是不想受到伤害，我们必须远离暧昧，不给喜欢暧昧的人留有幻想的余地。当然,我们需要识别暧昧与爱情的不同,暧昧有一个特点,那就是隐蔽性。因为对方需要给自己留有后路,所以不想让他人知道两人的亲密关系,不想让别人听到他们之间的暧昧话语。

爱情是开放的,除非办公室不允许恋爱,否则他会让其他人知晓他对你的好感,告知天下他正在追求你,好减少情敌出现的可能性。所以,一旦发现对方有些神神秘秘,不愿在人多的场合跟你凑近乎,那么,他只想玩暧昧的可能性就非常大。

暧昧与爱情的距离真的太远,我们应该拿到主动权,掌握这段关系的进与退。如果对方只是想玩玩,就要直接结束这段关系,不给对方留余地,也不给自己留念想。

一个人最重要的是自尊自爱,若是自己都不爱自己,别人就更不会爱我们了。就算对方平时再体贴,再会说花言巧语,我们都需要果断决定,绝不拖泥带水。

同时,不要奢求深情能打动对方,让彼此的关系更进一步。喜欢玩暧昧的人,通常只想停留在暧昧阶段,甚至是精于游戏的情场猎手,凭什么你觉得自己会让他回心转意呢?

总之,既然是暧昧,那么两人的关系就是模糊的、不明朗的,结果不一定是爱情。因此,如果它是爱情途中的一道风景，我们可以慢慢享受；如果它只是别人眼中的游戏，我们必须选择远离。

暧昧语言，接还是不接

单身男女对于有好感异性的暧昧语言总是浮想联翩，想着：这句话是不是暗示着"我喜欢你"，那句话是不是意味着委婉的告白。

那些暧昧的语言，真的是暗示着喜欢吗？

可以说，有喜欢的成分。异性之间说一些暧昧的话，前提是对对方有好感，或是被对方的姿色吸引，或是与对方志趣相投，还可能因为对方是自己暗恋的对象。于是，一方开始示好，说一些撩拨、试探的话语，一方接了下来，暧昧关系就形成了。如果一方不接，自然就不了了之。

那么，接或不接的标准是什么呢？

对方喜欢自己，自己也喜欢对方，这确实是最首要的。喜欢对方，面对这些甜言蜜语，心里自然充盈着窃喜、甜蜜，然后欲迎还拒地回应，两人自然而然地进入恋爱前的暧昧期。

自己不喜欢对方，就要直截了当一些，或是置之不理、直接拒绝。当然，说话做事需要讲究方式方法，注意言辞和态度，虽然坦白直接，但不能伤了对方的颜面。尤其对方是真心地喜欢你，就更不能太过分了。

然而，仅仅确定自己是否喜欢对方就可以了吗？

当然不是。我们必须确定对方的暧昧是出于什么目的和心理。最好的结果是，对方对我们有好感，心中已经蠢蠢欲动，于是利用一些撩拨的话来试探。

但是，很多时候，一些人只是喜欢搞暧昧，看到不错的异性就撩拨，说一些动听的话来等着别人上钩。还有一些人只是"人好"，对谁都说些恭维、关怀的话，就算天天和对方聊天，举动还有一些小亲密，依然不代表喜欢。甚至一些人是性格使然，喜欢对异性讨好卖乖，力求在异性中得到好人缘。

简单地说，一个人说一些暧昧的撩拨话，并不代表着喜欢对方。所以，我们要弄清楚状况，不要会错意，也不要被花言巧语哄骗。否则，尴尬是小事，真动了情就只能独自伤心。

赵妍就是一个错把他人随意的撩拨当爱情的傻女生。

赵妍在一家公司做文员，肖飞在市场部做推广工作，两人并没有多少交集。一次年会上,赵妍和几个同事表演了一段舞蹈,可以用惊艳四方来形容,赵妍更成为公司的焦点,就连部门领导都夸赞她:"别看你平时挺文静的,没想到竟有如此美的舞姿!"

接下来,肖飞开始寻找机会接近赵妍。平时午休时间,肖飞时常来赵妍所在部门,说一些趣事给同事们听,说话时还不时看看赵妍。有时,他会找赵妍单独聊天,询问赵妍有什么喜好、兴趣。

做市场推广工作的人本来就很会说话,没过多久,赵妍就被肖飞的幽默风趣所吸引,并有心动的感觉。此时,赵妍不禁心想:"肖飞是不是喜欢我?"可是她不确定,也不敢询问,担心自己会错意,两人都尴尬。

再后来,肖飞开始频繁地和赵妍微信聊天,还时不时说些暧昧的话语。

"和你聊天,我真的很高兴!"

"你说恋爱是什么感觉?"

"今天大风降温,你可要多穿一些衣服!"

"我听说你挨领导骂了?不要伤心!抱抱!"

"宝贝,今天是周末,下班了我请你吃饭……"

赵妍越来越觉得肖飞喜欢自己,自己也真正恋爱了!她开始向肖飞表露心扉,也说一些关心、暧昧的话。两人保持着暧昧的交流，关系似乎越来越亲密，休息日时常一起吃饭、看电影或散步，每天都发无数条信息。

赵妍已经把肖飞当作自己的男朋友，不仅在朋友面前说一些爱的宣言，还想把他介绍给朋友们。

在一次大学舍友的聚会上，大家听说赵妍交了男朋友，非要起哄审查一下。赵妍痛快地答应了，可是当她对肖飞说出这个要求时，肖飞却笑着说："你为什么要带我去参加你的同学聚会呢？难道不怕人家误会我是你男友吗？"

赵妍愣住了，半天才反应过来，问道："你不喜欢我？"

肖飞淡然地说："我喜欢你，但这不是那种喜欢，只是觉得和你聊得来而已……"

听了这话，赵妍的眼泪流了下来，头也不回地跑开了。她不明白，为什么一个人不喜欢对方，竟然还能说出那样动听的话。

通过朋友的开解，赵妍才明白过来：原来一些男人就是喜欢玩暧昧，看见不错的女性就撩拨，等到对方当真后，他们就立即撤退。自己偏偏傻傻地就上钩了，错把暧昧当作爱情。

一些人明明有恋人，或是已经结婚，但内心依旧骚动不已,喜欢用暧昧的语言撩拨那些颜值高、外在条件好的异性。这可能有两种情况:一是这个人本就花心,不安于室;二是这个人不甘寂寞,想要通过这种手段来排解空虚的内心。

对于这样的人,暧昧是家常便饭,他的撩人手段更为高明。但是,只要我们能够静下心来,不被花言巧语所蒙蔽,自然可以发现他们的真面目。

说到底,无论遇到哪种情况,只要我们确定了对方不是出于真心喜欢,就必须对这样的异性敬而远之,千万不要回应其暧昧的语言或行为。如果对方是上级领导,或是别的社会关系类的朋友,不好直白拒绝,可以采取委婉暗示的方法。比如,谈话间暗示自己已经有了心仪的对象,或是喜欢的对象是另一种类型。再如,可以委婉地说自己接受不了暧昧性的试探,不喜欢玩暧昧游戏。

如果对方装糊涂，或是故意继续说一些暧昧的话语，我们可以置之不理或是直接把他拉黑。若是对方已有恋人或伴侣，依旧想要和我们玩暧昧关系，我们应该直接拒绝，告诉对方自己有原则和底线。

事实上，很多涉世不深的女孩很容易被有家室的男性蒙蔽，成为对方暧昧的对象。我们需要明白：这样的男性大多人品有问题，对爱情和家庭都极其不负责。这时候，就算你真的喜欢他也一定要敬而远之，否则你不仅会在爱情中受伤，还会受到道德的谴责。

总之，暧昧语言接还是不接，我们要确定自己的心意，更要确定对方的心意和出发点。了解自己，读懂对方，彼此的关系自然会明朗许多，自己也不会受到伤害。

无休止的暧昧是一种负资产

恋爱前的暧昧期是美妙的，彼此都心知肚明的情愫，表现出来的喜欢，想要靠近但又不能靠得太近，每一次对视或接触加速的心跳，以及心有灵犀般的微笑，都美好到令人陶醉。

但是，美好的事物总是不能长久，相互喜欢的暧昧期也是如此。只有暧昧，不捅破那层窗户纸，彼此就不会有那么强烈的悸动，一举一动也不会引起大的波澜。只有暧昧，不进入恋爱期，感情就会慢慢变质，导致一方想要更进一步，一方则想着来真的就退出。

无休止的暧昧，更是一些人编织好的爱情陷阱。

"真的喜欢你的人，不会只和你暧昧，他只是打着暧昧的幌子套路你罢了！"朋友无奈地看着李冉。听了朋友的话，李冉掩面哭泣起来。

李冉是个年轻漂亮的姑娘，两年前到某公司实习，喜欢上了自己的上司萧明。萧明年轻有为，干净洒脱，站在阳光下非常耀眼。只见一次，李冉就不可救药地喜欢上了他，但是她不敢表白，只能悄悄地关注他。

萧明好像也喜欢李冉，最起码李冉是这样想的，因为萧明说话间会轻轻拍她的肩膀，并向她要了私人微信，时常和她聊天，有时还会因一些话题聊到很晚。

李冉知道萧明的"心意"后，也表现出自己的喜欢，每天给他带早餐，午休时间约他一起吃饭，和他说笑打闹。

明眼人都看出来，李冉和萧明谈恋爱了，同事也时常开他们的玩笑。可是每次萧明都笑而不语，不承认也不否认。

就这样,李冉和萧明保持着暧昧的关系。

相处过程中,李冉感觉到喜欢一个人和被一个人喜欢的心动、美好。每次和萧明近距离说话,她的心就像小鹿乱撞,希望进一步但又不好意思;每次公司分配的任务李冉都做得不错,萧明会拍拍她的肩膀、摸摸她的头并说些鼓励的话,她就感觉到无比的甜蜜和幸福。

李冉一直等着萧明的告白,却总是等不到。她想要试探一下对方,却担心把对方吓跑。听人说恋爱前的暧昧期最美妙,很多人喜欢享受这一刻的美好,她认为萧明或许就是如此吧。她承认这样的感觉是很好,但是她不想继续下去,想确定正式的恋爱关系,大方地享受爱与被爱的感觉。

为此,李冉求助研究心理学方面的朋友,希望朋友能帮助自己解决疑惑,打破暧昧。听了李冉的诉说,朋友只问了一句:"你们的暧昧关系多久了?"李冉想了一下,说:"有七八个月了!"

之后,朋友便说了开场那句话,希望李冉不要再傻下去。

恋爱前的暧昧是美好的,也是丑陋的。美好就在于它的朦胧性、不确定性,丑陋也在于它的朦胧性、不确定性。因为没有捅破窗户纸,没有正式确定关系,所以进可攻、退可守，不给人留下话柄。因为只是暧昧，不是恋爱，所以不用负担恋爱的责任，可以借着暧昧的名义到处"撩"人。

我们不知道萧明是哪一种情况，但可以肯定的是，他必定不是真的喜欢李冉，最起码喜欢的没有那么多。所以，他只想保持长时间的暧昧关系，不愿意和李冉更进一步，就算同事们已经知晓他们的"恋爱关系"，依旧不承认、不否认。

经过思考，李冉决定辞职，离开这个喜欢在暧昧关系中打转的上司。

无休止的暧昧，对于自己来说是一种伤害，更是一种爱情的负资产。

一个人不拒绝你的喜欢和告白，接受你的示好和付出，却不主动、不表白，那就是只想和你玩暧昧。

一个人对你嘘寒问暖，还会说些甜言蜜语，做些亲密的小动作，甚至发生了性关系，却总是对两人的关系含糊其词，不正式承认恋爱关系，那就是只想和你玩玩，想走就走。

一个人是典型的"中央空调"，不仅和你有暧昧关系，还和其他异性暧昧不断，那就是暧昧不清。

当然，还有一种人不属于以上几种情况，他／她是真的喜欢对方，但总是不愿挑明关系，一直享受着暧昧关系。他们或许不自信，或许追求完美，或许不想被爱情束缚，所以才把自己和对方都拖入无休止的暧昧陷阱。

不论如何，无休止的暧昧就是不喜欢，或者不够爱。因为不喜欢，才会选择暧昧，任由你胡思乱想也给自己留了后路。

我们知道，爱情是自私的、霸道的，如果一个人真的喜欢你，恨不得立刻占有你，向全世界宣布"他／她是我的人"，又怎会不愿意确定关系让周围的人知晓呢？

如果你正和一个人暧昧着，就应该让自己保持冷静和理智，不要被所谓的甜蜜所迷惑。所以，一个真正喜欢你的人，或许会享受暧昧期的美好，但不会无休止地暧昧下去让这段关系带有不确定性。

我们要学会分清哪一种暧昧是恋爱前的甜蜜，哪一种暧昧是对方玩玩而已的把戏。我们要试探对方，看他是想和你有进一步的发展，还是只享受与你暧昧、打趣的时间而已。

我们要学会自爱，拒绝一些暧昧不清的话语和行为。一旦发现对方只是想和你玩暧昧关系，就果断地拒绝和离开，避免让自己陷入别人编织好的陷阱。同时，还要远离已经有恋人或伴侣的异性，远离那些暧昧成瘾的人。

总之，爱情就是一朵带刺的玫瑰，暧昧是这朵玫瑰上的尖刺。如果我们能好好地触碰玫瑰，利用好恋爱前的暧昧期，就可以手握芬芳。若是我们一时糊涂，让暧昧干扰和迷惑，则会被刺得满手伤。

摆脱暧昧，追求和享受爱情的甜蜜，才可以邂逅幸福。

抓住打破暧昧的契机

一段爱情有好几个阶段，从心动到暧昧，从暧昧到坠入爱河，再到感情稳定，最后或是步入婚姻殿堂或是分离。最甜蜜的阶段，大概就是暧昧期了——朋友之上，恋人未达，这个过程中有心动，有亲密，有相互试探，也有心照不宣。

暧昧总是令人沉迷和陶醉，但对于彼此喜欢的人来说，只有打破暧昧让关系更进一步，才能推进爱情持续升温。矜持，等着对方表白，或是自己没有勇气，爱情就增添了无数的不确定性,甚至无疾而终。

恋爱前的暧昧,除了遇到渣男或腐女的无休止暧昧外,若是长时间不打破这种关系,结果只能有两个:一是彼此心照不宣,水到渠成地走到一起;二是一方不再想继续暧昧下去,逐渐远离,"移情别恋"。

齐欢是一家公司的前台文秘,温柔大方,善解人意,是个非常不错的姑娘。李毅是公司的销售员,当初到公司面试时,就对齐欢的周到、细心尤其是脸上的笑容产生好感。

成为同事后,李毅和齐欢走得很近,一起说说笑笑,谈发生在彼此身上有趣的事情、聊近期上映的好电影,聊着聊着有时还约着一起看电影。

齐欢有什么麻烦事,无论是在公司还是生活中的都喜欢求助李毅。李毅也很上心,通常会放下自己的事情帮助齐欢。

爱情的种子在慢慢发芽,两人开始进入恋爱前的暧昧期。齐欢每天都会给李毅带早餐,然后放在他的办公桌上。李毅自然知道这是齐欢送给自己的爱心早餐,吃完早餐后会特意到茶水间,经过前台的时候与齐欢相视一笑。

两人每晚都会微信聊天,几乎到了无所不聊的状态。他们还时常谈及爱情的话题,探讨对于爱情的一些看法,说一些彼此的小秘密。齐欢的朋友圈里很多条动态都是关于李毅的，只是带有两人才知道的"密码"。李毅则对齐欢的每一条动态，都点赞和评论。

在各种节日，两人都会互送礼物，制造一些小惊喜。比如，李毅过生日时，齐欢会送他最喜欢的游戏键盘。李毅也时常送给齐欢一些新鲜小玩意，或是小布偶，或是时下最流行的手机壳等。这些小玩意，都是两人聊天时齐欢不经意间表露出的喜欢物品。

暧昧的感觉是美好的。一开始，齐欢和李毅都享受着这种亲密而又美妙的关系。同事们都看见了两人之间的粉红泡泡，半开玩笑半认真地怂恿对方："既然喜欢，那就赶紧表白啊！要是还不下手，这么好的爱情就错过了！"

齐欢不好意思地说："我是女孩，怎么能先主动呢？这一点儿都不矜持！"

李毅则说："我们现在已经心照不宣，难道还需要表白吗？"

于是，齐欢矜持着，等着李毅向自己表白；李毅则认为爱情自然会水到渠成，没有主动打破暧昧的心态。慢慢地，齐欢认为李毅根本不喜欢自己，只是喜欢跟自己搞暧昧关系而已。她越等越不确定，越不确定就越失望。

这时，公司来了一个新同事，对齐欢一见倾心，没几天就表白了。面对新同事明目张胆的追求，齐欢一开始是拒绝的，可是对方表示：喜欢就要大胆地说出来，你可以不接受我的表白，但是不能阻住我追求你。

这句话让齐欢有了很大触动，开始反思自己和李毅之间的暧昧关系。

若是这个时候李毅能主动表白，或是公开点破两人的关系，结果还可能有所不同。然而，李毅依旧没有行动，只是委婉地询问了齐欢对于新同事的看法。

最后，齐欢接受了新同事，彻底结束与李毅这段暧昧不清的关系。

暧昧，很美好，也很甜蜜。可是这个时期的"爱情"存在不确定性，两人忽近忽远，彼此有些微妙的情绪自然就会滋生猜疑。

抓住时机打破暧昧关系，爱情才会正式开始；若是矜持、犹犹豫豫，甚至像李毅那样认为不必打破暧昧关系，就只能眼睁睁地看着自己喜欢的人投入别人的怀抱，独自悲伤、感叹。

那么，我们应该在什么时间打破暧昧关系，又如何打破暧昧关系呢？

其实，这不是一件复杂困难的事情。暧昧，说明我们对对方已有好感，彼此相互喜欢。毕竟，没有谁愿意花大量时间和精力在一个自己不喜欢的人身上，也不可能产生一些别样的心思。

当你喜欢一个人，并且确定对方对你也有好感，伴随暧昧的时间加长，在两人依恋情感加深的时候，就应该积极打破这种暧昧，让两人的关系升级。不要怕表白失败，也不要担心打破彼此关系的平衡，除非是你会错了意，否则结果就是美好的。

当然，像李毅这样若是遇到竞争者，就应该马上打破暧昧关系，表白对方，正式确立两人之间的关系。

事实上，出现第三者是打破暧昧关系的最佳时机，也是确定恋爱关系的最好方式。

就算没有真的第三者出现,我们也可以制造一个"第三者",让对方有失去爱情的危机感。只要我们能马上表明立场"我只喜欢你""我不会喜欢上别人",外部压力一旦解除,彼此就会进入爱情甜蜜期。

除了明确的告白,我们还可以尝试做一些更亲密的举动,如牵手、搭肩膀、拥抱,只有恋人才有的亲吻,或是说一些甜言蜜语,如"明天,我又要想你了""我希望你一直能陪伴在我身边"……

此外,我们还可以邀请对方参加朋友聚会,直接把对方介绍给朋友:"这是我最喜欢的人!""我今天带来一个非常重要的人……"

总之,暧昧虽然美好,但是既然彼此喜欢,就应该给自己和对方一个明确的结果。不犹豫、不矜持、不试探,直言告白,才不会让爱情止于暧昧。

只有甜言蜜语的爱情还远远不够

再好的爱情也需要甜言蜜语,因为它会增加爱人之间的温度和情趣,不至于让爱情平淡得像白开水。

彼此心动时，一句甜言蜜语，两人的感情迅速升温；你侬我侬时，一句甜言蜜语，彼此间的荷尔蒙强烈爆发；发生矛盾时，一句甜言蜜语，不快和芥蒂则瞬间消除。

那些爱的语言，真的是爱情的调味品和催化剂。所以，坠入爱河的人喜欢对自己爱的人说一些甜言蜜语，就算一些生性内敛、不善表达情感的人，也会偶尔说一些情话来哄爱人开心。

然而，甜言蜜语只是爱情的调味剂，并不是爱情的全部。无论男性还是女性，都应该避免让自己陷入语言爱情。何谓语言爱情？很简单，是说在两人相处的过程中，一方喜欢说甜言蜜语，但只是停留在语言上并没有落实到行动中。

比如，网络上流行"多喝热水"的梗，男性平时喜欢说各种情话，可若是女友的生理周期来了，只会说："宝贝，好可怜哦，多喝热水！"女友感冒了，只会说："哎呀，我好心疼呀，你多喝些热水！"于是，"多喝热水"成为这些人的口头禅。只要女友身体不舒服，就嘱咐她多喝热水，却始终不肯主动帮她倒杯热水，更别说其他关怀照顾的举动了。

再如，一段恋情中，一方频繁说着甜言蜜语，承诺会努力赚钱让对方过上好日子；说有时间会带对方去旅行，两人一起见证最美的风景；说我只爱你一个，永远不会离开你、背叛你……

结果呢？这个人的所有承诺和保证不过是说说而已，一次都没有兑现，甚至只是把这些所谓的情话当作哄人的手段而已。

爱，不是只靠说，还需要去做，落实到行动上，否则它就是徒有其表，是地道的语言爱情。我们应该远离语言爱情，不被甜言蜜语所迷惑，更不把它当作真的爱情。

有些年轻人尤其是女性，总是容易陷入别人编织好的情网。芊芊便是如此。

芊芊是一个爱浪漫、爱幻想的女孩，天真纯洁，向往童话般的爱情。因为长得漂亮，大学时期就有很多追求者，其中不乏帅气、有才华的男生。

其中有两个男生很优秀，对芊芊的追求也最热情：祁峰能说会道，喜欢说各种甜言蜜语；张方把爱落在行动上，时常给芊芊送早餐、打水、占座位。结果，芊芊选择了祁峰，两人迅速恋爱起来。

和祁峰在一起，芊芊确实很快乐，享受着男友对自己的爱。可是慢慢地，芊芊发现祁峰只会哄自己开心，一旦落实到行动上就不太靠谱了。

比如，芊芊特别想去丽江旅游，看看苍山洱海，攀登玉龙雪山。当她说出这个想法后，祁峰立即说："亲爱的，等

第五章 语言决定方向：向左走还是向右走

我攒够钱之后一定带你去丽江。我们两人漫步在苍山洱海，对着那山那海许下诺言……"

听着祁峰的甜言蜜语，芊芊的心里感到十分幸福，做梦都梦到两人相互依偎、甜蜜亲吻的画面。然而，祁峰说了这些话之后，没多久就忘记了，即便芊芊多次提醒，他也只是敷衍而已。

再如，各种纪念日、情人节时，芊芊希望祁峰给自己制造一些惊喜，安排甜蜜的约会。可祁峰只是说些情话，如"你是我最爱的人""我一刻也离不开你"，然后发5.20、13.14等数额的红包。

芊芊表示过不满，说谁谁的男友特别注重仪式感，不仅送礼物，还安排独特的约会。每当这时，祁峰就说那些人华而不实，只会哄小姑娘开心。

可是，祁峰说的那些甜言蜜语难道不是在哄小姑娘吗？他对芊芊的爱，除了甜言蜜语，别无其他。他总是不愿意付出具体的行动，只是想通过一些花言巧语来迷惑芊芊。

后来，芊芊察觉到了不对劲，却已经深陷其中。

一段美好的爱情包含很多方面，除了彼此相爱外，还应该在语言、行动上表达爱、付出爱，进行心灵上的沟通和交流。

在两人相爱的过程中，我们不仅要说些甜言蜜语，还要做出一些浪漫的事情，这样对方才能真真切切感受到被爱的甜蜜和幸福。

当然，作为被爱的一方，我们不能只看对方是否善于说甜言蜜语，更不能把它当作对方爱与不爱的标准。因为任何甜言蜜语，只要肯学，绝大部分人都可以学会。所以，一些人即便不是真的爱对方，也可以说出花言巧语。

更何况，爱情只有甜言蜜语是远远不够的。

一个人嘴上说着爱你，讲着各种好听的情话，可是不关心你的生活，看不到你的困难，甚至连你遇到危险时都不付出行动，这样的爱又有几分是真的？

一个人只会哄你开心，说着浪漫的承诺，构想着美好的未来，可是没有履行一个承诺，甚至连履行承诺的意识都没有，这样的爱还值得信任吗？

生活不是甜言蜜语的堆砌，我们也不能只靠甜言蜜语活着。所以，不必太过在意那些所谓爱的语言，而是把关注点放在对方爱的行动上。

很多时候，一些温馨的小举动，如：为你买早餐、为你暖手、出门总是拉着你的手、看到你的不舒服、相信你说的话，以及就算你不说话也能读懂你的眼神……这些就是在用行动表达对你的爱，已经胜过千言万语！

这不是让人忽视甜言蜜语，谁也不能否认，适当的甜言蜜语可以让爱情更有情趣，迅速升温。你要记住：甜言蜜语只是辅助和调剂，不能喧宾夺主；行动才是爱情的支撑，必须多加重视。

如果认为爱情只有甜言蜜语就够了，它就会变得虚无，迟早枯萎。

第六章
情感操控,爱与尊重的问题

爱情里最需要的是尊重,事实上,最容易被忽视的也是尊重。在恋爱过程中,很多人过于自私,只在乎自己的感受,只想到自己的利益,或是过分地操控和占有,强行把对方拉进自己的生活里,或是强行进入对方的世界。

殊不知,一旦失去尊重,再亲密的关系也会失衡,促使爱情消耗殆尽。

承诺：恋爱关系的分水岭

承诺是爱情的重要组成部分。在恋爱期间，一方是否愿意对另一方做出承诺是表达爱意的一种方式，更是促使彼此关系能否进入下一阶段的关键。

在爱情三角论中，心理学家斯腾伯格认为，承诺是一个人口中或心里的预期，这个预期有短期和长期之分。短期的承诺，就是我们决定去爱一个人，与他／她确定恋爱关系，从好感、暧昧或友情发展成为爱情。长期的承诺，则是两人长久维持亲密的爱情关系，从热恋到爱情稳固期，从爱情到婚姻。

有了激情或亲密关系，爱情会让人感受到愉悦、心动、热情。之后呢？维持美好的感觉需要承诺，需要计划或预期使得彼此的关系稳定、长久。否则，就算再浪漫、热烈的爱，恐怕也如流星一般只是短暂的灿烂与美丽。

换句话说，承诺就是恋爱关系的分水岭。一个人想要突破这层关系，与恋人进入下一阶段，便会积极给出承诺。若是一个人只是想保持暧昧或恋爱的状态，拒绝确定恋爱关系或谈及婚姻，往往最害怕或是逃避给出承诺。

想要长时间暧昧的人，不会轻易说出承诺，因为他们想要享受进可攻、退可守的自由。只想谈情说爱、从未考虑责任或婚姻的人，非常惧怕给出承诺，因为他们知道承诺比甜言蜜语更容易让自己陷入被动。

比如，一个人只把恋爱关系当作短期或是暂时的，不愿意为一个人放弃整个森林，或是把那个人当作感情空窗期的消遣，抑或是爱人不在时心猿意马的对象，他自然不会轻易承诺甚至不可能做出承诺。

没有承诺的恋爱关系，自然处于不稳定或"卡住"的状态，往往很难得到好的结果。

当一个人爱上另一个人的时候，往往会不自觉地戴上滤镜，认为这个人就是世界上最好的，会因为爱而失去理智，变得盲目而冲动。

徐飞就是如此，他爱上了自己的老板肖梓，那是一个成熟、知性、有魅力的女性，比自己大5岁。一开始，肖梓只是把徐飞当作下属——一个初入职场没多久的小男生，心中没有爱意。慢慢地，她也被徐飞所吸引。

这段单方面的爱情让徐飞深陷其中，一步步为爱沦陷，甚至为了爱可以不顾一切。

可肖梓似乎并不是这样认为，好像有所保留，甚至从未认为这段爱情可以长久。在公司里，肖梓不允许徐飞与自己保持亲密关系，担心会被员工说闲话；在生活中，她不把徐飞介绍给朋友，也不愿意走进徐飞的圈子。

在这段关系里，徐飞好像是全力以赴的一方，可是他发现即便自己用力奔跑，也无法真正靠近对方。肖梓只是站在原地，甚至还会向后退缩几步。

两人私底下非常亲密，已经搬到一起生活，可是肖梓却很少说情话，更没有一句承诺。每当徐飞谈论未来，肖梓便会顾左右而言他，甚至说："没有必要考虑那么长远。"

一次，徐飞实在忍无可忍，问道："难道你只是和我玩感情游戏，从来没有考虑过未来吗？难道只是因为年龄、身份的关系，我们就注定无法走入婚姻吗？"

面对徐飞的追问，肖梓说了实话："是的，我不认为我们会有好的未来。虽然我不是和你玩暧昧游戏，但是也无法给你承诺，或许我真的太在意别人的眼光吧！"

我们能说肖梓不爱徐飞吗？不，或许她的爱是真诚的，但是因为种种原因，她不愿意承认两人的恋爱关系，不愿意让这段关系有进一步的发展——在她的心里，从未认为两人会有好的未来，自然不会计划和承诺未来。所以，这段恋爱关系从一开始就注定了不会稳固和长久。

或许有人说："难道每段恋爱都必须承诺婚姻吗？""一段恋爱关系，一旦没能走进婚姻就是'耍流氓'吗？"并非如此。我要说的是，想要爱情美好而又稳固就需要做出承诺，双方都愿意完全地投入这段关系，并且对这段关系有好的希冀。

婚姻只是未来生活的一个形式，彼此的承诺才是这段关系的关键。

波伏娃和萨特就保持着一段奇妙的关系。他们是恋爱关系，却提出"自由情侣"的相处模式：灵魂忠诚，身体自由，不要结婚，可以外遇。但是他们彼此做出承诺：绝对坦诚，绝不向对方隐瞒任何私情,将一切关系透明化。

虽然两人之间的关系并非完美,有嫉妒、争吵、不和谐,但彼此都遵守承诺,最终仍彼此相伴一生。他们的承诺从最初的两年升级为终身制,成为彼此精神上的伴侣。

当然,波伏娃和萨特这种开放式的关系不适合现代人,甚至在很多人看来是荒谬、不可思议的。可是,对于承诺的坚守来说,他们给予我们更多的启示和警醒——当两个人进入恋爱关系的时候,就应该自觉地认真对待这段感情,而不是把它当作游戏,更不是一味地逃避承诺和责任。

爱情需要两人的互相吸引,更需要彼此的用心维系。

生活方式在不断改变,人心也在不断变化。当激情不再,亲密和承诺成为让爱情保鲜的关键,更成为维系爱情的重要方式。爱情关系越深,双方对于承诺的期待就越大。所以,我们需要不断用语言或行为表达自己的爱意,并用承诺深化这一段爱情关系。

我们需要对爱情做出承诺,这不只是嘴上说的海誓山盟,或只是给对方一个婚姻,而是应该在身体上关怀、思想上信任、行动上支持所爱的人,时刻把对方放在心上。

我们需要好好经营爱情,保持爱情的新鲜度和持久性。既然已经做出承诺,我们就应该对自己或对方的爱负责,对爱情本身负责，承担起责任和应尽的义务，保持专一和忠诚。

恰如作家毕淑敏所说："爱不仅仅是一种情感，更是坚守一生的契约。没有承诺的爱情，迟早会走向崩溃。"所以，一段恋爱关系的最终结果并非都是美好的，中间需要我们付出、维系和坚守，如此才能收获美好且持久的爱情。

来自承诺的积极错觉

你知道吗？有一种爱情陷阱叫作"来自承诺的积极错觉"，很多恋爱中的男女会不知不觉落入这一陷阱。

谈这个问题之前，我们必须先了解什么是积极错觉，以及它对于爱情有哪些积极或消极的影响。

其实，积极错觉是一个心理学名词，简单来说，就是当消极的信息使人们的自尊受到威胁时，他们的潜意识中就会用自我概念的理想、夸大对可控性的感知和不现实的乐观等行为作为缓冲器来保护自尊。

"情人眼里出西施"，这就是一种积极错觉。人们在恋爱关系中，会夸大对方积极美好的一面，或是减少、忽略对方身上的缺点，产生一些非理性的错觉或偏向。

比如，一个男孩身材高挺，面部有棱角，外表分数为 7 分。可是在爱他的女孩眼里，男孩就是玉树临风、貌比潘安，外表分数可以达到 10 分。再如，一个女孩的身材矮小是一个缺点，可是对于爱她的人来说，这样的女孩就是乖巧可爱、小鸟依人。

积极错觉，让相爱的人更被彼此吸引，造就爱情更为甜蜜、美好。它可以提高相爱的人的安全感和忠诚度，使得彼此忽视其他诱惑，保持感情的稳定性和持久性。但是，它也可能将对方片面地完美化，让人看不到对方的缺点，进而丧失理智。

比如，一个男生具有自私、霸道的个性，对女友有着强烈的控制欲，无法容忍对方有正常的社交。可是因为积极错觉的影响，那个爱他的女友完全看不到这个缺点，甚至认为这是他爱自己、在乎自己的表现，甘心被所谓的爱禁锢和控制，慢慢地失去自由、自我。

同时，在爱情关系中，甜言蜜语式的承诺最容易让对方产生积极错觉。因为对方的一句情话，你就会心神荡漾，认为对方是最爱自己的，两人的爱情是浓烈的；由于对方的一句承诺，你就开始畅想未来，认为对方对爱情忠贞不渝。

在积极错觉的影响下，你开始理想化爱情，并倾向于用积极、乐观的方式看待爱情，甚至把现实和错觉混淆在一起，编织着一个又一个美梦。

菁菁今年23岁，第一次谈恋爱，幻想着能遇到浪漫的爱情。因为她喜欢看偶像剧，爱情观自然被电视剧中浪漫唯美的思想所影响。

所以，当男孩上官泽对她说："我喜欢你，我们两人以后可以一起牵手逛街、吃美食、看电影、旅游，那是多浪漫的事情。"当时，她就爱上了他，并且做起爱情的美梦。

菁菁的脑袋里都是风花雪月般的浪漫情调，就算跟上官泽牵手逛街、大热天挤公交车、吃着麻辣烫，也认为是幸福的。

当时，菁菁和上官泽都是初入职场的新人，两人的家境也不算太富裕，想要在大城市里落脚，苦和累自然少不了。父母哪里肯看到女儿在外吃苦，于是想让菁菁回家过安稳的生活。菁菁却坚持有爱就能战胜一切，不顾父母的反对非要和上官泽在一起。

恋爱初期，两个人你侬我侬，上官泽对菁菁做出很多承诺："我会爱你到永远！""我会努力拼搏，让你过上好日子！""我要让你成为人人羡慕的小公主，给你宠爱，给你幸福！"

菁菁自然对上官泽的话深信不疑，认为自己遇到了最好的人和最美的爱情，幻想着两人情到浓时自然步入婚姻的殿堂，两人爱情的结晶诞生，一家三口住在温馨的家，而那个家里到处都是欢声和笑语。

可是，爱情的美好来源于真实，并非幻想。

菁菁因为爱情而盲目，对于爱情和承诺产生了积极错觉。上官泽的一个承诺，让菁菁塑造了自己希望的浪漫幸福模样；上官泽的一个举动，让菁菁夸大到爱意满满，不知不觉间就陷入了爱情的陷阱。

积极错觉，其实是一种自我欺骗。因为被爱情左右，我们开始戴着玫瑰色眼镜看待对方，把对方的形象、语言、行为等完美化和理想化，认为对方的一举一动无不感人，每一句情话或承诺无不动听。

事实上，很多人容易陷入承诺的积极错觉。一个女孩受了伤或生了病，男孩表现出责任感和对爱情的坚守，于是女孩理想地放大爱的诺言，坚信彼此的爱情坚不可摧；一个男孩一无所有，女孩在一旁安慰和鼓励着"爱情与面包，我宁愿选择爱情，只要我们相爱，那就是美好的生活"，于是男孩认为两个人只要相爱就行，其他的都不重要。

正如皮格马利翁效应告诉人们的一样,我们给自己积极的心理暗示,就会得到积极的结果。在爱情里,我们对承诺产生积极错觉,就可以积极地评价对方的爱,彼此成就美好的期待,让爱情更加美好而长久。

可是,积极错觉不能长久维持,还有消极的影响。

因此,我们要冷静、理智地看待承诺,认识到积极错觉对爱情的影响。

首先,利用承诺的积极错觉,给对方营造美好的爱情,让它突破阻碍和困难,最终走向好的未来。

其次,不能忽视积极错觉的消极影响,要正确地认识自己和爱人,明确彼此的优缺点,然后寻找有效、合理的相处方式。而不是过于忽视对方的缺点,更不能让爱情的盲目和幻想破坏彼此正常的关系。

我们不要把承诺和那些动听的情话混淆在一起,要记住:承诺是涉及两人对未来的计划,是希望和对方维持长久的关系。它不仅是甜言蜜语,更是对爱情的责任和忠诚。

更重要的是,积极错觉消失之后,我们应该积极面对,而不是消极逃避。包容爱人身上的缺点,好好地经营爱情,这样爱情才能再次成长,收获另一个美好的开始。

有节制的"死缠烂打"

在爱情中,有许多有趣的悖论,其中最让人头疼的一个是:如果你保持冷静,不太热情,对方会认为你不冷不热、诚意不够;如果你表现得很热情、过于殷勤,则会被对方认为"死缠烂打",结果往往也不会好。

所以,爱情的进与退是一件非常难以把握的事情,唯有有节制的"死缠烂打"才是上上之策。那么,什么叫有节制的"死缠烂打"呢?赵元任给我们做出了很好的榜样。

一次聚会中,赵元任结识了两位优秀的女性——杨步伟和李贯中。她们是一家私人医院的创办者。接触之后，他对杨步伟一见倾心。

赵元任为了追求杨步伟，有事没事就往人家的医院跑。但杨步伟是个大忙人，没有很多闲时间与赵元任聊天，赵元任也不在意，经常在医院里一待就是一天。

一个正常人总是往医院跑，是需要理由的。赵元任接连去了四五天，把能用的理由都用光了。于是，这次他离开医院时，对杨步伟说："今后我恐怕会比较忙，如果以后不能来了，请不要见怪。"

杨步伟根本就不知道赵元任已经爱上了自己，对他说的这番话感到莫名其妙，于是说："不来就不来呗，我为什么要怪你呢？"

赵元任嘴上说不来了，但是第二天又出现在医院里，还不小心把走廊里的一盆花踢倒，花盆摔破了。杨步伟看到后责怪赵元任太冒失，赵元任自言自语道："说好不来却又来了，这才有此一劫。"

杨步伟虽然不解风情，但是见赵元任有事没事儿总是往医院跑，就觉得有些不正常。她想来想去，终于得出一个结论——这个赵元任恐怕是爱上自己的搭档李贯中了！

她觉得赵元任虽然有点儿呆，但总归是个不错的人，李贯中也确实对赵元任颇有好感，于是便想要撮合赵元任和李贯中,总是在赵元任面前说李贯中的好话。而赵元任也不反对,每每都随声附和。

那段时间,杨步伟认为自己是李贯中和赵元任两人的"电灯泡",李贯中也是这样认为的,而在赵元任的心里,李贯中才是那个"电灯泡"。

事情终于发展到了失控的地步。赵元任总是找杨步伟聊天、散步,李贯中认为是杨步伟"抢"了赵元任对自己的爱,她非常生气,居然当面骂杨步伟水性杨花。

赵元任万万没有想到事情会变成这样,只好对李贯中说自己一直以来爱的都是杨步伟。李贯中听了这番话,顿时大受打击,她和杨步伟的合作关系也走到了尽头。

直到此时,杨步伟才意识到,赵元任所有的殷勤举动都是冲着自己来的。

只不过,赵元任不希望自己的殷勤成为杨步伟生活中的负担,所以虽然一直献殷勤,始终以不破坏杨步伟的正常生活为前提。虽然由于这个小意外,杨步伟与朋友的关系破裂,但这并非赵元任的初衷。

意识到这一切后,杨步伟深受感动。不久,她答应了赵元任的求婚,两个人终成眷属。

后来,赵元任在学术上大获成功,成为中国语言学的先驱,被誉为"中国现代语言之父"。我们比较熟悉的名著

《爱丽丝梦游仙境》,正是由他翻译引入中国市场的。他和杨步伟的爱情故事也历来被人们称道,成为一段佳话。

事实上,爱情中的一方向另一方献殷勤是最平常不过的事情。毕竟,爱情不仅要用嘴谈,也要用实际行动去拉近两个人的关系。就连赵元任这样的文学家,在爱情面前也必须付诸"笨拙的殷勤",才能最终得到心上人的青睐。

可是,献殷勤是有底线的,不能让你的殷勤成为别人的负担。

一个人没有节制地牵扯心上人的时间和精力,不知克制地表达自己的倾慕之心,都会让对方感到"不可承受之重",最终很可能适得其反。若是把献殷勤发展成厚脸皮的死缠烂

打,表现出过度的热情,更是遭人厌恶。

恋爱需要技巧,献殷勤也需要技巧。有节制地"死缠烂打",既表现出自己的爱意与热情,又不会过度纠缠,才可能捕获对方的心,擦出爱情的火花。

那么,我们应该如何做到有节制地"死缠烂打"呢?

首先,需要确认对方是否反感你的献殷勤。

谈恋爱是你情我愿的事情,你有情而我不愿,那就是一厢情愿。在这种情况下,如果一味地表现热情,毫无理由地找人家攀谈、给人家献殷勤,那就是骚扰与纠缠。

生活中,很多人容易犯这样的错误,明明对方已经明确表示"我不喜欢你""我不想谈恋爱",你依旧打电话、发信息、送礼物,自认为真情能感动对方,结果只能被视为"讨厌的骚扰者"。

其次,确定对方没有反感之后,你需要讲究技巧和策略。

贝勃定律认为,当一个人经历过强烈的刺激后,再遭受新的刺激,后者就会变得微不足道。也就是说,当你一直表现得比较热情、殷勤,过一段时间,对方的期待值会变得很高。一旦你的热情或是关爱不够,对方就会产生深深的失落感。所以,你不能一味地表现和献殷勤,而是要制造一些小意外,或是消失一两天,或是冷落对方一两天。

再次，你还要巧妙设计献殷勤的频率和时机。

比如，一周送一两次鲜花或礼物，或是每当有意义的节假日才送鲜花或礼物；再如，先一周献一次殷勤，接着是两次，然后是三次，依次递增。

最后，还需要考虑到两人关系的深浅、对方的个性问题。

若是彼此并不熟悉，只是你对人家一见钟情，最好不要太过热情和殷勤，更不能死缠烂打。若是对方个性比较保守、内敛，同样需要适当地表达爱意。

一味地死缠烂打，爱情注定失败。一方面，是因为人们对死缠烂打的行为更容易产生反感和厌恶；另一方面，太容易得到的东西，人们不会在意和珍惜。

所以，想要收获爱情，我们需要热情地表达爱，再向对方献殷勤，但必须讲究技巧和分寸。

关心与尊重的界限

凡事应有一个限度，过犹不及。爱情更是如此。

例如关心。在爱情中，关心伴侣是自己分内的事情，但如果关心过度，难免显得控制欲过强，有失尊重。

现实中不乏这样的例子：爱情中的一方对另一方过于关心，恨不得一天 24 小时"守卫"左右，事事周到，处处小心，即便不在身边也要事事过问、时时指导。

这样的关心，有时候不仅会成为对方的负担，而且会让对方觉得你轻视他／她的能力，不够尊重他／她的独立人格。

爱人之间，只有划清关心和尊重的界限，才能真正双宿双飞。

商朝有位君王叫武丁，此人文治武功都很卓绝，在他的治理下，商朝"肇域彼四海，四海来假"。他很爱王后妇好，无比关心。妇好牙疼，偶感风寒，他都非常紧张，就连妇好打个喷嚏都怀疑她是否生了病。

虽然武丁如此关心妇好，但并未打着"为你好"的旗号把她当作易碎品"藏"起来。相反，他给予妇好足够的空间，让她自由发挥才能。

妇好虽是女性，也是王后，但她还是一位女将军，很善于带兵打仗。武丁征讨西北蛮族的时候，妇好就带领兵马外出打仗。武丁讨伐一个叫巴方的部落时，也与妇好相互配合，彻底击溃敌人。

可见，武丁虽然很关心妇好，但没有把她当成笼中的金丝雀豢养起来,而是给予她更大的舞台任其翱翔。这便是关心与尊重的完美结合——我不会限制你起飞的高度,但是始终牵挂你飞得累不累,给予你最贴心的关怀与照顾。

然而,现在很多人似乎并未懂得这个道理,与爱人相处过程中,忽略了关心和尊重的界限,甚至借着"关心"之名行控制之实。

大鹏和许久未见的大学同学聚会,聊得正高兴时,他的手机响了,但是他看都没看就把手机按掉了。后来,微信提示音连续响了好几次,大鹏也没有看手机。同学有些奇怪,问道:"你为什么不看一看是谁来的电话和信息呢?"

大鹏苦笑着说:"不用看就知道是我女友。"

同学笑着说:"既然是女友,那就更应该立即接听电话了,而且连发这么多信息,万一有急事呢?"

大鹏摇了摇头,说:"她一定没有什么急事,肯定是嘱咐我少喝点儿酒,早点儿回去之类的。"

同学立即说:"那是人家关心你,你怎么还不识好歹呢?你看看我,单身狗一个,想让人关心还找不到呢!"

大鹏叹口气,说:"她名义上是关心我,实际上是想控制我。我每次外出,无论跟谁吃饭、聚会,她都会一个电话接一个电话,问我跟谁在一起、在哪里、有没有女孩、少喝酒、什么时候回家……她的关心有点儿过了,整天唠唠叨叨的,让我感觉非常烦躁。"

确实如此。大鹏的女友似乎太过关心他了。上班时关心他穿哪件衣服,会为他选择"最合适"的一件;午饭时间会特意打电话,让他吃得健康点儿,不要乱吃盒饭;外出的时候,一会儿一个电话,询问他在哪里、在做什么事;甚至会干涉他的社交和工作,多次询问他交的朋友可靠不可靠,不能结交那些只会花言巧语的朋友……

很多时候,大鹏感到压抑,感觉自己的空间似乎已经被女友压榨干净,自己活在女友的监视和控制下,失去了穿衣吃饭、交友活动的权利和自由。所以,大鹏明知是女友打电话、发信息,却故意不接、不看,只是为了给自己留一些清净和自由。

在亲密关系中,过度的关心等于束缚和控制。

很多时候,我们以为自己的关心是出于爱,实际上,当我们用"关心"的名义干涉对方,要求对方按照自己的意愿去做的时候,就已经剥夺了对方的独立和自由。一句又一句的嘘寒问暖,成为对方头上的紧箍咒,让对方感到窒息;一个又一个的叮嘱,好像压在对方身上的大石头,让对方感到压力山大。

所以，我们需要明白，对爱人的关心是必要的，但它必须建立在尊重对方独立人格、自由意志的基础之上。

我们关心对方的生活、工作，给予对方叮咛和嘱咐，但是不能过于絮絮叨叨，更不能让对方没有自由的空间。当对方遇到不快和烦闷时，我们需要给予安慰，尽力帮助对方解决难题；如果对方想要静一静时，我们就不要再问长问短，非要拉着对方倾诉，逼着对方把想法说给自己听。

无论是男性还是女性都需要保持独立性，拥有自己的空间。所以，我们千万要把握好关心与尊重的界限，切不要因为关心而频频过界，忽视对对方的尊重，更不要以关心之名行控制之实。

关心可以让爱情关系更加亲密，但过度的关心则会让爱情不堪重负。

我们需要给予爱人满满的关怀和体贴，更需要关注自己的实际情况。事实上，在亲密关系中，对对方最大的关怀和支持就是做好自己，不把生活的重点放在对方身上。只要我们放松心态，过好自己的生活，同时给予对方爱和尊重，爱情就会越来越好。

我们还应该给予对方信任和支持，因为每个人都不希望被限制和控制，都有较强的自尊心和好胜心。

总之，爱情需要经营和维护，把握好关心和尊重的界限是一个大前提。在尊重的前提下表达爱，只是客观地关心和体贴对方，不过界，不过度，不把个人的意愿强加在他人头上。这样一来，我们坦然而自在，对方轻松又愉快。

当心！别被亲密感毁掉爱情

席勒说："真正的爱情是专一的，爱情的领域是非常狭小的，它狭到只能容下两个人生存；如果同时爱上几个人，那便不能称作爱情，它只是感情上的游戏。"

没错，爱情的领域非常狭小，只容得下两个人，他们的关系应该非常亲密。诸如形影不离、如胶似漆这样的词语，就是形容恋爱中的两个人感情如何炽烈和关系怎样亲密的。

可是，关系亲密不代表没有距离，更不代表没有私人空间。

在任何关系中都有个人边界，谁都不想被他人控制、利用和侵犯，也不想别人过度进入自己的私人空间，侵犯个人隐私。恋爱关系中也是如此。

恋爱中的两个人，可以很亲密，进入彼此的私人空间分享彼此的秘密，但这一切都是有界限的，是在自己的允许下才可以的。一旦一方过于强势，认为对方不应该有私人空间，自己可以肆意侵犯对方的隐私，如查看手机、翻看包包、查看银行卡余额，另一方必然感到反感。

好的恋爱关系是有边界的。两个人相爱且亲密，彼此尊重、独立和自由。然而，很多人却陷入爱情的误区，认为情侣不是外人，不应该分彼此，甚至认为既然你爱我就应该没有秘密、没有隐私。

可就是这种没有边界的亲密感，既伤害了爱情本身，也把对方推得更远。

达达很爱女友梦佳，为了每天能和她在一起，他放弃了公司外派更好的工作机会，也放弃了数次进修机会。

在达达看来，相爱的人就应该每天相守，并且很享受这种亲密无间的关系。现在，除了上班时间，达达和梦佳几乎每时每刻都在一起，好似连体婴儿。

上班时间，达达每隔一小时就给梦佳发微信，大事小情都第一时间"播报"给梦佳，也要求梦佳把所有事情都告诉自己。达达很少参加朋友聚会，若是避免不了，便带着梦佳一起去。

对于梦佳来说，一开始非常高兴达达紧张自己，庆幸遇见了如此爱自己的男友。可是慢慢地，她的心里就有了说不出来的苦。

梦佳对闺蜜说："我们确实很相爱，我也想永远和他在一起。可是，我也渴望有点儿自己的空间，能和朋友一起逛商场，自主地做一件事情。但是达达却认为，情侣就应该无时无刻都黏在一起。更主要的是，达达正在一点点地侵犯我的隐私，我感觉自己快要窒息了……"

达达认为情侣间不应该有秘密，更没有隐私或不隐私的问题。既然两人已经生活在一起，建立了亲密的关系，若是存在秘密和隐私的话就是有所保留，就是不够爱。

达达会很自然地翻看梦佳的手机，查阅梦佳的微信聊天记录。梦佳感到震惊，提出过质疑："你为什么要看我的手机和微信，这是我的隐私。"

达达不认为自己错了，反而生气地质问："我们是情侣，我为什么不能看你的手机？难道你的手机里有什么秘密不想让我知道吗？难道你把我当作外人了？"

达达理所当然地想保管梦佳的工资卡，说是把两个人的钱合在一起，方便统一理财。梦佳觉得这样不合适，达达就怀疑她不是真的爱自己，心中有所保留和防备。

后来，达达竟然还偷偷地在梦佳的手机里装了定位系统，想要监视梦佳的一举一动。知道这件事情后，梦佳终于忍无可忍地提出分手。

梦佳虽然很爱达达，但是她知道在爱情、自由和隐私面前，她更想要后者。一段没有自由和隐私的爱情，实在太过沉重，最终往往只能让彼此矛盾重重、遍体鳞伤。

达达和梦佳是相爱的，这毋庸置疑，但是达达选错了爱的方式，没有把握好亲密的界限，让彼此的亲密成为负担，压得两个人都喘不过气来。或许，分手是他们最好的选择。

其实，如果达达能够听到梦佳的心声，尊重梦佳的自由和隐私，多给予梦佳自由的空间，自己就不必爱得那么辛苦，也不会让梦佳想要逃离。

两个人相爱，不代表一方就成为另一方的私人物品，更不代表两个人就真的亲密无间，没有各自的个人空间和隐私。所以，在恋爱过程中，我们的爱不能太过浓烈，而要给彼此保留一分；也不能太过自私，而要给予彼此自由和空间。

在亲密关系中，两人的边界比其他关系更薄一些，但不等于没有。所以，就算你再爱那个人，也应该让对方保留私人空间，而不是把手伸向那些不该伸的地盘，如工作的时间和空间、与亲密朋友的悄悄话、个人的私密空间等。

我们不能认为情侣间就没有隐私，肆意查看对方的手机、日记。若是对方有些不想说的秘密，无论是涉及家庭、朋友还是工作，都不应追问到底。同时，不要企图把对方拉入我们的生活轨迹，也不要把对方当作自己生活的中心。在爱情关系中，虽然我们与对方相爱，但双方都是独立的个体，不是连体婴。

作家周国平指出："在男人的心目中，那种既痴情又知趣的女人才是理想的情人。痴情，他得到了爱；知趣，他得到了自由。"这句话不单单指向男人，更适用于恋爱关系中的任何人。

换句话说，没有边界的爱不是真正的爱，因为它缺失了对对方的尊重。所以，我们可以热烈地爱，建立更亲密的关系，但不能让这份亲密感失了分寸——无论两人的爱再炽烈，一旦一方侵犯到另一方的自由和隐私，这段关系都不会那么长久和幸福。

让亲密关系保持一种张力，让双方待在自己的舒适区，如此一来，彼此才能好好享受这段爱情的美好。

第七章
向永恒出发

爱情的保质期很短吗?不,爱情激素的分泌会停止,两人的激情会消退,但是爱情的保质期可以很长,甚至能够长久地维持下去。

只要我们好好地经营和守护爱情,保持激情、亲密与忠诚的平衡,并且始终相信爱情,就可以找到保持爱情长久的秘诀,向着永恒出发。

科学家说：爱情的保质期是六个月

美国康奈尔大学做过一项调查，他们对来自全球37种不同文化背景的5000对爱人进行医学测试和面对面访谈，最后得出结论：大多数修成正果的青年恋人，从相识到约会再到结婚生子，花费的时间在18～30个月。

另一项研究表明，一对恋人进入恋爱状态后，最多不超过半年时间，他们之间最初的恋爱激情就会退却。

正如我们所说，处于恋爱中的人，大脑会产生由多巴胺、苯乙胺和后叶催产素组成的多种化学激素，正是它们让恋爱中的男女感受到爱情的美妙滋味。但随着时间的推移，大约六个月后，大脑中这类激素的分泌水平越来越低，恋人们的激情便会退却。也就是说，化学意义上的爱情保质期只有六个月。

另一制约爱情保质期的因素是费希纳定律，是由德国心理学家韦伯和费希纳提出来的。这一定律指出：同一刺激的差别量必须达到一定比例，才能引起差别感觉。

举个简单的例子，20克和100克的两个重物，人们能够轻易地察觉二者的重量差异；如果是100克和101克的两个重物，人们就很难察觉到它们之间的重量差距。

迁移到爱情方面，费希纳定律同样适用。当两个人开始恋爱时，他们的一言一行、一颦一笑都会刺激恋爱双方，让他们充满新鲜感和幸福感。但是随着时间的流逝，甜蜜的话说过无数次，浪漫的事做过无数遍，再想要调动起恋人内心的波澜，就会显得格外吃力。

简单来说，费希纳定律的存在，昭示着物理意义上的爱情，保质期不会很长，

无论从哪个方面来看，爱情终将褪去色彩。那么，有没有办法保持爱情的长度和浓度呢？有！

第一个办法，是在经营爱情中学习爱情。

事实上，我们所谓有保质期的爱情，指的是那种干柴烈火、轰轰烈烈的爱情。这样的爱情，可以说是每个人都向往的，也是每对恋人都会经历的美好时刻。但是我们应该意识到，爱情不仅仅只有一种模样，执子之手、与子偕老是爱情，愿得一心人、白头不相离也是爱情。

我们当然要追求轰轰烈烈的爱情，但也必须认识到，爱情虽然如同登山，谁都想要到达顶峰，但没有哪个登山者能"赖"在峰顶上不下来。一个不懂得跨越坎坷、欣赏沿途风

景的登山者,并不是一个好的登山者。同样,一个不懂得在琐碎生活中发现爱情平淡之美的恋人,也绝不是可以长久信赖的好伴侣。

相信很多人看过徐志摩写的情诗,仅仅看他的作品,一定以为他是个痴情人、好伴侣。实际上,徐志摩的情史可以用"一地鸡毛"来形容。

徐志摩与第一任妻子张幼仪的婚姻属于包办婚姻,徐志摩也一直不喜欢张幼仪,后来与张幼仪离婚了,一拍两散。

徐志摩非常着急地与张幼仪离婚,甚至逼迫对方打掉腹中胎儿,固然是因为不爱,实际上还有另外一个原因——他爱上了著名才女林徽因。

徐志摩疯狂地爱着林徽因,他不顾家人的反对、外界的嘲讽,一心抛弃原配妻子,誓与林徽因一辈子相厮守。不过,林徽因没有接受徐志摩的求婚,反而与梁思成结婚并去了美国。

林徽因为什么不愿意与徐志摩结婚呢?恐怕是她看穿了徐志摩对于爱情的态度。她在给徐志摩的信中说:"我怕,怕您那沸腾的热情,也怕我自己心头绞痛着的感情,火,会将我们两人都烧死的。"

徐志摩痛失林徽因,但他并未就此消沉。不久,他又爱上了陆小曼。

陆小曼是有夫之妇，丈夫是徐志摩的朋友王赓。陆小曼和徐志摩是一类人，当爱情来临时，他们颇有些奋不顾身的勇气。徐志摩在情书中说："我之甘冒世之不韪，乃求良心之安顿，人格之独立。在茫茫人海中，访我灵魂之伴侣，得之我幸，不得我命，如此而已。"陆小曼也毫无顾忌，为了追求所谓的真爱，她最终抛弃前夫与徐志摩结婚。

如果事情到此为止，也不失为一段有情人终成眷属的佳话。可惜的是，陆小曼和徐志摩的这段爱情，事实上"后话颇多"。

陆小曼和徐志摩结婚后，当他们之间的激情逐渐褪去，她似乎也对徐志摩这个当年心目中的神仙伴侣有了些厌倦，又有了其他心仪的对象翁瑞午。

陆小曼的激情退得快，徐志摩也不遑多让。当他听到林徽因要回国演讲的消息，似乎忘记了他对陆小曼的感情，马上决定要飞到北京去见林徽因。

就是在这次旅行中，徐志摩乘坐的飞机失事了，这位多情的诗人殒命。

我们不禁要问，徐志摩真的懂爱情吗？恐怕答案不是十分肯定。对于轰轰烈烈的情爱，徐志摩自然堪称情圣，但是他缺乏与一个人长相厮守的能力，更缺乏经营一段长久感情的本事。

所以，如果一个人不能学会经营和维持平淡生活里的长久爱情，他的爱情自然是有保质期的。相反，若能在经营爱情中学习爱情，意识到平淡生活的可贵、相濡以沫的难得，就能够突破爱情保质期，获得真正意义上的完美爱情。

第二，创造新鲜感也是保持爱情长度和浓度的不错方法。

爱情之所以会褪色，多是因为失去了期待。什么是爱情中的期待呢？就是不可预知的惊喜。

两个人在一起的时间久了，对于对方的行为越来越熟络，他/她要做什么、要说什么都变成可以预测的事情。对于有些人来讲，逐渐建立默契的感觉很温暖，但对于有些人而言，这种失去惊喜的感觉几乎成为爱情褪色的代名词。

对于后者而言，想要给爱情保鲜不能坐以待毙，需要主动出击。

王辉是一家公司的中层管理者，妻子在另一家企业担任财务总监。两人结婚已有三年，热恋和结婚时的新鲜感早就褪去，再加上平时各自的工作都很忙，两人之间不要说激情了，就是对话交流都很有限。有了孩子之后，他们的话题就只剩下如何养育孩子、照顾下一代。

沟通越来越少，激情越来越淡，矛盾和冲突反倒越来越多。王辉和妻子都感觉有点儿不太对劲,他们坐下来想解决问题的办法。最终,王辉和妻子决定,将每个月的5日设为"恋爱时间"。

正如王辉所说:"虽然我们现在已经从恋人变成夫妻,但是我觉得恋爱关系不应该就此终止。生活中的琐事虽然很多,但是我们最起码要给彼此的爱情留有一天时间。在这一天,我们不去想别的事情,只为爱情而活着。"

从此,夫妻二人的"5日"过得非常精彩。他们或是一起去新开的餐厅尝鲜,或是携手聆听小提琴音乐会,或是来一场说走就走但不会走太远的自驾游……这一天的时间似乎充满了魔力,能够为整个月的平淡生活蓄满电量,让他们更加懂得:"生活除了生活,还有爱情。"

事实上,爱情很容易被生活琐事湮没。虽然我们一直在说要发现平凡生活中的爱情之美,但是也不能觉得"真正持久的爱情就是要平凡,不能贪图一切好玩的、刺激的东西",这是违反人性的。

在平凡的生活中,我们要努力创造一些属于爱情的不平凡,让爱情线有起落、有波动,这样才能维持爱情长久新鲜。

第三个保持爱情长度和浓度的办法,就是开发新的"自我"。

这其实是第二个方法的延续，不断开发新的"自我"，就是为了给予伴侣不断的新鲜感。

越是浅薄的人，越容易被爱人厌倦。因为浅薄的人如同一湾浅水，乍一看很清澈，非常吸引人，但是看久了就容易审美疲劳。事实上，爱情中最有意思的环节，就是不断发现爱人新的一面——当然是好的那一面。

如果我们能持续地提高自己，让爱人总是在自己身上发现新的内容，就可以不断地给对方以新的刺激，无限延长爱情的保质期。相反，如果总是以一种样貌出现，三年前如此，一年前如此，现在还是如此，对方自然会感到厌倦，爱情也会更快变质。

所以，真正让爱情不变质的秘密，就在你自己身上——要让自己变成更好的那个人，才能赢得更好的爱情。

爱情会褪色，但沟通不会

与人沟通谁都会，可是爱情中的高难度沟通，不见得人人都能做得好。

这里说的高难度沟通，不是指爱情刚刚发生时的那种"撩式沟通"，而是为了让一段爱情走得更远而产生的深度沟通。前者虽然有点儿难，但难在一时；后者的难，如果不能克服，则难在一世。

在亲密关系中，高难度沟通大多是由以下三种场景引发的：

一是就某个客观问题展开交流。有些恋人在一起久了会有一种感受：有些问题不说出来难受，但一旦说出来很可能会导致争吵。所以，很多恋人面对棘手的问题时会采取回避策略，但往往越是棘手的问题，越不可能被时间消化，只会越积越深，小问题逐渐变成大问题。

二是提要求。很多时候，对恋人提要求要比想象中困难得多。"我希望你能多花点儿时间陪陪我……""我希望你有什么事就说出来，不用憋在心里……""你能不能多分担

如何让你爱的人也爱上你

一些家务……"

类似的要求很合理，但是有时候却很难说出口。这是因为，我们越是在乎一个人，就越害怕被对方拒绝。而且，在很多时候，我们更希望对方能够主动发现自己想要什么、希望得到什么，所以不愿意主动要求对方。这一点在女性身上更为常见。

三是拒绝恋人提出的合理要求。提要求难，拒绝要求更难，尤其是拒绝那些看起来很合理的要求则是难上加难。

陈靓 30 岁那年，迎来自己事业上最关键的转折点。

陈靓得到消息，公司最近要提拔一位新的行政副总，他和另一位同事则是被重点考察的对象。陈靓知道，这个机会对于自己来说至关重要——如果能向前一步，自己未来的职业前景将一片光明；如果错失这个机会，不知何年何月才能等到下一次。

那段时间，陈靓为了把握机遇，工作格外卖力，在公司待的时间特别长，跟女朋友康然自然是聚少离多。

康然很不高兴，几次向陈靓表示不满，希望他可以多抽出一些时间陪陪自己。陈靓总是以工作太忙、时不我待为说辞，希望康然能体谅他。康然虽然有满心的埋怨，可是陈靓的理由的确很充分，所以即便他屡次拒绝自己的要求，她也不好说什么。

一次，上司给陈靓安排了一项任务：需要他去外地出差，负责监督一个重要项目的实施。陈靓知道，这其实是公司安排的一次关键考察，只要自己把项目做好，晋升副总肯定是板上钉钉的事儿。所以，他毫不犹豫地答应下来。

但就在陈靓即将出发的前两天，康然打来电话，说自己的母亲生病了，希望陈靓可以和自己一起带母亲到北京的专业医院去看病。

面对康然的合理要求，再想想自己的职业前景，陈靓陷入两难，不知道该说什么、怎么说……

故事中的陈靓，便是遭遇到高难度沟通的第三种场景——拒绝爱人的合理要求。

类似的场景，随着时间的推进，会越来越多出现在情侣之间。其实，这是一种很正常的现象。初恋和热恋时百依百顺的沟通模式，才是真正反常的、不能持久的。

拒绝虽然正常，却极容易引起冲突和争吵。如果爱人之间不能够掌握关于拒绝的沟通技术，恐怕会后患无穷。

高难度沟通场景广泛存在于情侣间的日常生活中，想要克服它带来的沟通障碍，我们必须对它的本质有所了解。

所有的高难度沟通场景，大多暗含着同一逻辑假设——"我是对的，你是错的"。无论是提要求、解决问题，还是拒绝要求，都可能存在这个逻辑。

不要觉得奇怪，在与外人沟通时，我们经常会觉得"我是对的"，但立场没有那么坚定，很容易在谈判中放弃自己的立场，选择妥协。但是在与爱人，尤其是与已经相处很久的爱人沟通时，我们反倒会变得固执，甚至是冥顽不灵。对方也一样。

所以，此时会出现一个非常可怕的情况——恋人之间产生分歧，但双方都觉得自己是对的，对方应该向自己妥协。在如此心态的引导下，两个人很容易针尖对麦芒，意见更为对立。

这时，又会产生另一种心态——对立心态。对立心态一旦产生，问题就会更加麻烦，因为我们关注的重点已经不再是是非对错，而是诸如"你是不是在针对我""他是不是不爱我了""他的态度为什么这么恶劣"等问题上。这些问题很难说清楚，于是沟通变得越来越糊涂，甚至很可能越沟通火气越大，误会越多。

对立心态也会带来另一个沟通中的大麻烦——过失设定。一旦对立产生，我们就不会再想着如何去解决问题，而是想着如何划分责任。如此一来，沟通内容会被彻底带偏。

第七章 向永恒出发

李想和赵明诚是一对相恋多年的爱人，除了缺少一纸结婚证，他们的生活与夫妻没有什么区别。两人之所以一直没有结婚，是因为想着先攒够买房子的钱，再办婚礼。为了攒钱，两人一贯省吃俭用。

最近李想发现两人的开销比之前大了许多，攒钱的速度明显变慢。于是，她对赵明诚说："咱们得认真核算一下最近的收支情况，弄明白为什么攒钱的速度变慢了。"

赵明诚欣然同意。

核算开销的时候，李想发现上个月赵明诚有一项多达3000元的开销，购买的商品仅仅是一张显卡。李想随口问道："一张显卡怎么这么贵呢？"

赵明诚说："高端显卡本来就是这个价钱，不算贵！"

李想则说："你为什么要买高端的呢？买一个便宜一点儿的用不行吗？"

赵明诚心想："我们在一起好几年了，我一直很节俭，衣服不买贵的，烟酒茶更是一点儿不沾，就连同学聚会都是十次躲九次，为的就是攒钱买房。现在，我就买了这么一个显卡，你就喋喋不休，这不是针对我吗？"

于是，赵明诚没有回答李想的问题，而是反问道："你还说我，你前两个月的那个包是怎么回事儿？一个包就4000

多元，可比我的显卡贵多了。"

听了赵明诚的话，李想心里委屈极了，抱怨道："这么多年来，我只买200元一套的化妆品，一件衣服从来没有超过300元。别的小姑娘都是一年一换手机，我一部荣耀的用了两年半。上个月公司搞团建，大家都打扮得花枝招展的，我就买了一个包撑撑脸面，你居然来质问我，还有没有良心……"

两个人的心里都有气，说话越来越不客气，纷纷把攒不够钱的原因归到对方身上，而且强调自己为了这个"家"已经付出太多。结果，本来是一次核算收支情况的正常谈话，变成了无休止的争吵……

李想和赵明诚的争吵，就是沟通障碍不断升级的真实写照。一开始，两个人是为了解决问题而进行的中性沟通，但是因为产生了一点分歧，双方都觉得自己是对的、对方是错的，进而变成对立沟通。紧接着，双方开始划分责任，最终让中性沟通变成劣性沟通，极大影响了爱情的成色。

要想避免类似情况，我们需要掌握以下原则。

首先，两人必须放弃主观意愿。

任何人的主观意愿都是相同的——强调自己的正确性。但是在爱情中，正确和错误其实是说不清楚的，我们应该收起心中关于对错的考量，把重点放在解决问题上。

同时，越是亲密的人，越倾向于猜测对方对自己的态度，这是一种很普遍的现象，但普遍并不意味着正常。

与爱人沟通，我们不要总去想诸如此类的问题：他究竟是什么意思、是不是针对我、说这话是不是不爱我了。想要让爱情长长久久，最重要的秘诀就是我们不要有太多的秘密，有什么想法就直接说，有什么疑惑就直接问，不要猜来猜去，更不要把自己猜到的结果与真实结果直接画上等号。

其次，千万别推卸责任。

恋人在沟通的时候，最忌讳划分责任。一旦双方开始划分甚至是推卸责任，难免会将彼此推到对立面，导致沟通由中性变成烈性。而且，我们永远要记住一件事情——即便恋爱双方能把责任划分明白，又有什么用呢？到最后，所有的责任还不都得一起扛下来，何必徒增苦恼。

最后，恋人沟通时，克制自己的情绪、抚慰对方的情绪是非常关键的，甚至比沟通的内容还重要。

我们要明白：这是你和爱人之间包含情感的对话，不是一次商业谈判。商业谈判不能有情绪，也不用照顾对方的情绪。亲密关系的沟通则恰恰相反，如果彼此的情绪崩溃了，一定不会有好的沟通结果。

激情、亲密与忠诚

斯腾伯格的"三角爱情理论"指出爱情具有三个要素，即激情、亲密和承诺。在这三个因素中，激情最容易发生变化，所以我们时常看到两个人一见钟情，产生强烈的欲望。之后，激情和热烈的爱又会快速消失。

激情的快速消失有客观因素，就是爱情激素的分泌减少，当然也有主观因素，即很多人存在花心、容易变心以及被诱惑的缺陷。但无论怎样，爱情关系是独一无二的——只有激情是远远不够的，加之亲密和承诺，两人才能建立持久的爱情关系。

承诺可以让我们产生一种他人无法唤起的忠诚感，有意识地控制自己，保持对爱情的忠诚。有了忠诚，爱情就不再建立在最初的吸引以及之后的激情和欲望之上，而是更加注重心灵上的交流，以及彼此的信任度与责任感。

可以说，有了激情，爱情可以有浪漫、心动甚至心灵的相通；有了亲密，爱情就满足了身体与心灵的需求；只有具备忠诚这一要素，爱情关系才能够进一步深化，天长地久地维持下去。

就好像有人时常说："一个人，一生不可能只爱上一个人！"激情过后，很可能因为相遇另一个人再次心动，或是被另一个人身上的热情特质吸引，瞬间就移情别恋；有人明明对一个人一见钟情，两人心灵默契，可同时却因为另一人心生涟漪，独自去偷欢。

一个人可以爱上很多人，就算这个人不是主观的花心，可是遇到的诱惑也不会少。在诱惑的引导下，他没能坚守自己的爱情，也就放下了原本的爱。之所以如此，就是因为他们都忽视了忠诚，没有把忠诚这一要素刻在心里。

如果两人的爱情里有忠诚，始终没有忘记爱的初心，就会懂得如何控制自己的欲望，不轻易对他人动心或动情。就算激情消失，心有涟漪，也会学会克制和反省，努力维护好自己的爱情。

如何让你爱的人
　　也爱上你

　　晨晨和男友阿俊的爱情，虽然已经过了磨合期进入平淡期，没有了之前的轰轰烈烈，也少了很多浪漫和情趣，但是他们的关系一直很和谐，没有争吵和矛盾，关心着彼此的喜怒哀乐，体贴着对方的一切。每天，两人重复着一样的事情——上班、约会、外出、回家，已经愈发趋向于婚后的生活。

　　本来晨晨很满意这样的感情，哪一段爱情不是从激情到磨合再到平淡呢？这本也正常，不是吗？然而，一个偶然的机会，一个不经意间的"误会"扰乱了她的心——一个男人给朋友邮寄礼物，阴差阳错地送到同姓同名的她这里。

　　晨晨好心地把礼物邮寄回去。就这样，两个人相识了。

　　后来，那个男人时常给晨晨送花、送礼物，明里暗里说想要追求她。晨晨明确表示自己已经有了男友，可对方说："只要你一天不结婚，我就有追求你的权利。"那个男人很懂浪漫，不仅善于利用鲜花和礼物的攻势，还非常善解人意，好像能窥探别人的内心。

　　一段日子，晨晨的工作压力大，还受了很多委屈，阿俊忙着搞项目，没有时间与她沟通。晨晨感到非常孤独和郁闷，感觉自己快要撑不住了。在社交账号上，她发了一些沮丧的感悟，表达出现在的自己身心非常疲惫。

那个男人立即给晨晨发了很多鼓励的话，句句都说到她的心里，同时还制造一些小惊喜，让她的心情好了许多。就这样，他们的联系不知不觉地多了起来，晨晨偶尔有什么不快，也会找他倾诉。

晨晨知道自己有些心动，因为那个男人不仅善解人意，而且还很幽默，让她再次感受到了恋爱的甜蜜和美好。这份美好与阿俊相处的平淡形成鲜明对比，让晨晨蠢蠢欲动。

就在这时，那个男人要求和晨晨见面，并且在微信里写下一句话："玲珑骰子安红豆，入骨相思知不知？"

晨晨盯着手机里的这几行字，心里当然明白对方在表达什么：他内心深处诚挚而又炙热的爱情。晨晨陷入了矛盾，不过当天还是给阿俊发信息，说自己要在公司加班，可能要晚一些回家。之后，等到所有同事都下班了，她依然坐在那里犹豫着。

看着窗外的灯红酒绿与车水马龙，许久之后，那个男人发来信息，说他已经到了××餐厅，问她能否赴约。拿着手机，晨晨看了许久，之后发送了几个字：对不起，我今天不能赴约。

是的，晨晨醒悟了，控制住了内心的骚动。她对自己说：多少恋人走散了，不是因为爱没了，而是外界的诱惑太大，没能守住对爱的忠诚。爱，不是一时的激情或是一瞬间的感动，而是一生的坚持。虽然与阿俊的爱情趋向于平淡，但是阿俊真的爱自己，自己也爱阿俊，两人的性格、志趣、三观非常契合，彼此有过激情、浪漫和美好，更有心灵的相通和默契，只是此时自己走了神，产生了一种错觉。

晨晨很庆幸自己没有彻底失控，没有因为外界诱惑而放弃爱情。同时，她还明白了，与其在没有激情和新鲜感的爱情中挣扎，倒不如及时做出改变，想办法为爱情增添情趣和活力。

之后，晨晨认真地和阿俊谈了一次，两人一同寻找为爱情注入激情和活力的方法。这也恰恰符合阿俊的意愿，他愿意为两人的爱情做出努力和尝试。他们先是改变约会的地点和方式，找一些新鲜的事情去做，感受未知与期待的乐趣。

同时，他们不停地制造更多的惊喜和浪漫：改变了家里的装修与布局，甚至个人的着装风格也多了一些变化……

就这样，晨晨和阿俊的爱情又恢复原初，彼此又发现了对方身上足以吸引自己的特质，感情上升到一个新的阶段。

我们每个人都向往一生一世的爱情，希望爱人能爱自己到永远，却忘了爱情是激情、亲密与忠诚的结合。当我们找到这三个因素的平衡点时，追求一段美好而长久的爱情就不是一个难题。

是的，浪漫又热烈的爱情令人向往，没有谁能抵挡住新鲜感和激情的诱惑。可是我们需要明白，所谓的新鲜感、浪漫、激情都是有保质期的，短暂且善变。就如电影《重庆森林》里的这句话：秋刀鱼会过期，肉酱会过期，连保鲜纸都会过期。这个世界上的所有东西都会过期，轰轰烈烈的爱情更是如此。

当我们认为爱情不再了，是它变质了吗？不，是我们忽略了世界上任何事物都有由新变旧的特性。当我们放弃了爱情，再次爱上别人，是爱情的错吗？不，是我们丢掉了对爱情的执着和忠诚。爱情不是童话，是会不断被消耗甚至消失的。

这一段爱情趋于平淡，下一段爱情就不会如此吗？没有对爱情的执着，没有对爱情的忠诚，又何谈永恒的爱情呢？

所以，我们要好好对待自己的爱情，调整好心态。只有学会保持激情、亲密与忠诚的平衡，更加懂得如何经营、呵护自己的爱情，才可能收获好的爱情，让彼此相互成长；只有对爱情保持执着和忠诚，才能够抵挡住诱惑与变故，彼此相爱一生。

向永恒出发

相爱的两人，无不希望爱情的尽头是永恒，彼此能步入婚姻，相伴到老。于是，人们珍惜和维护自己的爱情，希望甜美的梦想变为现实，希望那份美好的希冀降临。

可是，很少有人能够看得清在通往永恒的道路上，注定不会一路平坦。而且，在爱情中有一个很奇怪的现象——越是好的爱情，越会走得磕磕绊绊，一路上分分合合。

其实，这个现象一点儿也不奇怪，并不荒诞，因为只有经历了风霜雨雪、坎坎坷坷之后，还是不能相忘于江湖的两个人，才能真正意识到对方是自己生命中不可或缺的人，因而不作他想，只想长相厮守。

第七章 向永恒出发

三毛和荷西的爱情历来被人们所称道，可是他们二人的情感之路并不顺遂。

一直以来，三毛都是非常独立的女性，荷西的年龄比三毛要小，他们在马德里大学相识。

那时候，三毛是大学里的风云人物，惹人注目，她的身边并不缺乏追求者和爱慕者。荷西则一直默默地伴随在三毛的左右，虽然深爱三毛，但并未过多地袒露出自己的爱意。或许他从内心深处觉得，三毛过于优秀，自己却黯然失色，与她很是不相配。

后来，荷西因为要服兵役不得不离开三毛。临走前，他虽满怀深情，但也只是反复地说着"再见"。

荷西走后，三毛经历了两段失败的爱情，她在感情中备受打击，身心俱疲。

荷西服完兵役，他第一时间去寻找三毛。

荷西找到三毛后，并没有马上与她见面，而是让三毛的一个朋友约三毛到家里玩。三毛来到朋友家之后，朋友让三毛闭上眼睛，此时荷西突然出现，将三毛拦腰抱起，旋转起来。三毛睁开眼一看，原来是阔别了六年的荷西。此时她才猛然发觉，原来自己心里一直有他，否则怎会如此激动？

重逢后不久，两人便结婚了。关于荷西求婚的内容，三

如何让你爱的人也爱上你

毛在《大胡子与我》一文中写道：

结婚以前，大胡子（荷西）问过我一句很奇怪的话："你要一个赚多少钱的丈夫？"

我说："看得不顺眼的话，千万富翁也不嫁；看得中意，亿万富翁也嫁。"

"说来说去，你总想嫁有钱的。"

"也有例外的时候。"我叹了口气。

"如果跟我呢？"他很自然地问。

"那只要吃得饱的钱也算了。"

他思索了一下，又问："你吃得多吗？"

我十分小心地回答："不多，不多，以后还可以少吃点。"

就这几句对话，我就成了大胡子荷西的太太。

经过时间的洗礼，三毛知道自己想要的只有眼前这个人，所以不管他是否富有，自己都会义无反顾地嫁给他。

可能很多人没有想到，浪漫到极致的三毛，与荷西的婚姻生活实际上很平淡。三毛自己说："其实婚前和婚后的我们，在生活上并没有什么巨大的改变。荷西常常说，这个家，不像家，倒像一座男女混住的小型宿舍。"

三毛之所以能够在平淡的爱情生活中安之若素，或许恰是因为一路走来她已经经历了太多起伏，所以更知晓人生有味是清欢的各种真谛。此时的三毛已经意识到，能够在平凡生活中长相厮守才是真正的极致浪漫。

有情人虽然终成眷属,但无奈人有情苍天却无情。三毛与荷西结婚五年后,荷西葬身海底。几年后,三毛追寻荷西而去。

三毛与荷西的爱情经历了波折、坎坷,最终相聚、相爱、相守。可命运就是爱捉弄人,幸福的生活没能维持多久,两人便天人两隔。最后,三毛未能走出失去荷西的伤痛,跟随荷西而去。

这段爱情令人唏嘘,但也让现实中的我们知道,爱情不是一直充满激情和浪漫,这个过程中少不了烦恼、矛盾、艰难、坎坷等。我们要做的就是理解和支持对方,牵着对方的手去感受和营造幸福。

爱情中若是有不顺,或是因为观点不同发生矛盾,或是遇到家人、朋友的干涉,或是遭遇感情危机,首先要做的不应该是逃避或放弃,而是努力地守护、经营和争取,走出自我迷茫,战胜那些所谓的难关。

每一段爱情开始时,我们就已经在积极地想象它走向永恒时的样子。恋人相拥,畅想未来,是爱情中最美丽的片段。但比永恒先到的往往是磨难,这个世界上少有一帆风顺的爱情,乘坐爱情之舟航行在人生之海,若是遇到风浪便立刻弃船而逃,这样的人不配拥有永恒的爱情。

说得通俗一点,就算再美好的爱情也避免不了坎坷、波折。所以,我们要有心理准备,心怀美好的希冀,好好地守护自己的爱情。唯有经历坎坷与波折,我们依旧彼此相爱,牵手共进,才能够让爱情抵达永恒之岸。

相信爱情是一种美德

所有走向永恒的爱情都有一个共同点,那就是双方都相信爱情。很多人走着走着就散了,不是因为遇到了过不去的坎儿,而是因为他们从内心深处不再相信爱情;有些人历经风雨依然携手，并非他们的人生中没有过遗憾，只不过经历了磨难，他们依旧在内心相信爱情。

因为相信，爱情才有力量；因为相信，相爱的人才有期待，不迷茫，不怀疑，不退缩；因为相信，人才有爱的勇气和能力，愿意为爱付出全部，收获幸福和美好。

周周有一个谈了两年的男友郭斌，自我感觉两人的感情非常好，也计划着谈婚论嫁见家长。

平时，周周很信任郭斌，从来不查岗，也不看他的手机微信。可是一次偶然的机会，周周竟然发现郭斌在微信上和一些女孩搞暧昧，说着一些亲密的情话，甚至彼此叫着"老公""老婆"。

周周大受打击，向郭斌提出分手。郭斌自然不肯，一再央求周周原谅自己，还说自己只是跟几个女孩聊天，排解内心的烦恼和压力而已，从来没有跟这些女孩见过面，更没有出格的举动。

郭斌保证之后绝不再犯，还当着周周的面删掉那些女孩的联系方式，允许周周定期查看自己的手机。周周心软了，因为她相信郭斌只是一时糊涂，更因为她真的爱郭斌。之后，两人的关系依旧甜蜜如初。

可令周周没有想到的是，郭斌竟然撒谎了。其实，他不仅仅只是跟那几个女孩聊天，还私下见了面，甚至发生了一夜情。更令周周伤心欲绝的是，就在她发现郭斌的秘密之后，郭斌一边哄着自己，一边与一个女孩暧昧、见面以及发生性关系。

周周悲痛欲绝，心中不禁怀疑："难道这就是所谓的爱情吗？难道之前的那些甜言蜜语、承诺和保证都是骗人的吗？如果不是，他怎么可能演得那么真？如果是的，为什么这些话他会跟所有的人说，甚至还轻易与那些人发生关系？"

周周坚决地提出分手，就算郭斌百般求饶也没有回头。之后，周周不再相信男性，认为男性的本质就是花心，也不再相信爱情，认为爱情是虚假的，总是避免不了见异思迁。她关闭了自己的心，不再接触异性，也不再允许别人闯入自己的生活。

相信很多人曾经对爱情充满期待，遇到爱的人就全力付出，结果如周周一般受伤、受欺骗，于是不再愿意相信爱情了。

爱情真的不值得相信吗？并非如此。爱情本是美好的，只是被那些"渣"的人亵渎了而已。所以，如果在爱情中受伤，我们可以不相信那个人，质疑那一段关系，但请不要不再相信爱情。

一个人最可悲的不是失去爱人,而是失去爱人的勇气和信心。我们需要爱自己、爱生活,而不是为了一个不值得爱的人毁掉自己的爱情和人生。我们需要明白,那个错的人终究不是陪我们走到最后的人,只要我们还相信爱情,有爱的勇气和能力定然会遇到更好的人,那时的爱情定然是皆大欢喜。

再看看周周。一年后,她遇到了爱她的关铭。关铭的能力强,有修养,非常体贴,会照顾人。

一开始,周周躲避关铭的示好和追求,不相信他的告白和誓言。她对自己说:"这些话,那个他曾经也说过,最后还不是欺骗了我。或许他此刻是真的爱我,难保之后不会变心。"

周周以为关铭会和其他追求者一样,遭到自己的冷落和拒绝后会马上消失。但是她想错了,关铭并未放弃,而是不断地袒露自己的真心。在这个过程中,他不断地给予周周勇气,让她相信自己和爱情。

半年后,周周接受了关铭,再次开始新的恋爱之旅。一年后,两人幸福地步入婚姻的殿堂。这时候,周周对朋友们说:"我很庆幸自己又相信了爱情,否则就不会遇到现在很爱很爱我的人。所以,无论什么时候,请相信爱情,不要因为一个糟糕的人或一段糟糕的感情而放弃去爱，放弃了就是对我们自己的惩罚。"

村上春树说："少年时我们追求激情，成熟后却迷恋平庸，在我们寻找、伤害、背离之后，还能一如既往地相信爱情，这是一种勇气。"说白了，人们之所以不相信爱情，是因为害怕受到伤害，或是不再相信自己。要知道，伤害你的并不是爱情本身，而是那个人。只要我们擦亮眼睛，不再被那些所谓的情话所蒙蔽，不再轻易被花心的人所迷惑，就可以避免伤害。

同时，我们要相信，失去爱情并不是因为我们不好，也不是因为我们不值得爱——只有做到好好地爱自己，慎重地选择那个对的人，自己的爱情就不会是一个错误。

或许在以后的人生路上会有很多人告诉你——爱情不值得相信，你也会看到许多爱情覆灭时留下的糟糕场景，也曾经因为爱情而受伤……

你的耳朵没有听错，眼睛也没有看错，爱情有时候确实会动摇你对它的信任。

但请你始终相信，真正的爱情可以穿越时空和困境，留下美丽的回响。找到它的唯一秘诀就是，要始终相信它的存在。